Emmanuel Musuyi

INTERNET Pour le meilleur et pour le pire

Emmanuel Musuyi

INTERNET Pour le meilleur et pour le pire

Éditions universitaires européennes

Impressum / Mentions légales

Bibliografische Information der Deutschen Nationalbibliothek: Die Deutsche Nationalbibliothek verzeichnet diese Publikation in der Deutschen Nationalbibliografie; detaillierte bibliografische Daten sind im Internet über http://dnb.d-nb.de abrufbar.
Alle in diesem Buch genannten Marken und Produktnamen unterliegen warenzeichen-, marken- oder patentrechtlichem Schutz bzw. sind Warenzeichen oder eingetragene Warenzeichen der jeweiligen Inhaber. Die Wiedergabe von Marken, Produktnamen, Gebrauchsnamen, Handelsnamen, Warenbezeichnungen u.s.w. in diesem Werk berechtigt auch ohne besondere Kennzeichnung nicht zu der Annahme, dass solche Namen im Sinne der Warenzeichen- und Markenschutzgesetzgebung als frei zu betrachten wären und daher von jedermann benutzt werden dürften.

Information bibliographique publiée par la Deutsche Nationalbibliothek: La Deutsche Nationalbibliothek inscrit cette publication à la Deutsche Nationalbibliografie; des données bibliographiques détaillées sont disponibles sur internet à l'adresse http://dnb.d-nb.de.
Toutes marques et noms de produits mentionnés dans ce livre demeurent sous la protection des marques, des marques déposées et des brevets, et sont des marques ou des marques déposées de leurs détenteurs respectifs. L'utilisation des marques, noms de produits, noms communs, noms commerciaux, descriptions de produits, etc, même sans qu'ils soient mentionnés de façon particulière dans ce livre ne signifie en aucune façon que ces noms peuvent être utilisés sans restriction à l'égard de la législation pour la protection des marques et des marques déposées et pourraient donc être utilisés par quiconque.

Coverbild / Photo de couverture: www.ingimage.com

Verlag / Editeur:
Éditions universitaires européennes
ist ein Imprint der / est une marque déposée de
OmniScriptum GmbH & Co. KG
Heinrich-Böcking-Str. 6-8, 66121 Saarbrücken, Deutschland / Allemagne
Email: info@editions-ue.com

Herstellung: siehe letzte Seite /
Impression: voir la dernière page
ISBN: 978-3-8417-3683-3

Emmanuel MUSUYI

INTERNET

Pour le meilleur et pour le pire

Plaidoyer pour un usage responsable par les élèves
sous le contrôle des parents et des enseignants

Editions Universitaires Européennes

Dépôt légal :

ISBN :978-3-8417-368-3-3

E-mail : emmamukadi45@yahoo.fr

facebook : emmanuel MUSUYI

Tél. : +243 898159989

Préface

« Officiumsapientis est ordinare » (le rôle du sage est de mettre de l'ordre), disait Saint Thomas d'Aquin, cet érudit théologien, dans Summa contra gentiles. L'auteur de cet opus sous vos mains, en l'occurrence Emmanuel MUSUYI, n'a pas hésité de prendre au sérieux la tâche de l'intellectuel qui consiste à aider la société à évoluer vers l'harmonie et le développement. Il l'a fait à travers cet écrit qui se penche sur un des thèmes importants qui marquent le siècle présent au même titre que l'économie verte, le changement climatique, l'autonomisation des femmes et des jeunes, le dialogue des civilisations, etc. Internet, est cet outil dont la mise à usage civil a révolutionné bien des secteurs de la vie comme le monde des affaires, la recherche scientifique, la diffusion de l'information, la gouvernance des affaires publiques, l'éducation, etc.

C'est sur ce dernier secteur que l'auteur trouve sa voie pour questionner les vrais défis que pose l'usage d'Internet tant dans la sphère privée (famille) que dans la sphère publique (école). La finesse d'analyse et la perspicacité de l'auteur l'ont conduit à serrer son étau heuristique sur les enfants, une catégorie sociale très en phase avec la technologie. La vulnérabilité de cette catégorie sociale appelle donc des mesures concrètes pour que l'outil Internet canalise positivement les énergies créatrices des enfants et des adolescents censés être des futurs dirigeants.

Après un défrichage conceptuel effectué dans le premier chapitre sur les termes du même nuage sémantique qu'Internet, l'auteur, dans le deuxième chapitre, met les enseignants et les parents face à leurs responsabilités. Les enseignants sont conviés à ne pas dramatiser Internet. Des recommandations leur sont faites les invitant à la vigilance et à des conseils de consultation des sites appropriés aux élèves. Il n'est pas question de faire le policier mais plutôt d'assister, d'expliquer et de conseiller. Aux parents, des recommandations pratiques sont adressées. Par exemple, la localisation de l'ordinateur dans une pièce commune est déjà un moyen de contrôle. Le partage d'expériences entre parents sur les méfaits d'Internet s'avère aussi une manière intéressante d'améliorer la surveillance sur les enfants. Ensuite, s'enchaînent une série d'astuces de contrôle allant des identifiants aux réseaux sociaux en passant par la création des mots de passe. Au fait, la ligne rouge qui traverse toutes ces recommandations aux enseignants et aux parents promeut la «culture du dialogue» dans l'instruction et l'éduction des enfants. En effet, le temps de l' «argumentum bac ulinum» (l'argument au bâton ou l'emploi de la force) n'est pas toujours efficace dans toutes les situations.

Un autre fait à mettre à l'avantage de ce livre est qu'il nuance bien l'apport d'Internet comme le désigne son sous-titre : pour «le meilleur» et pour «le pire». En effet, dans la littérature scientifique sur l'adoption des technologies, l'on évoque souvent trois types d'attitudes : les thuriféraires, les nihilistes et les sceptiques critiques. L'ouvrage n'est pas un panégyrique pour Internet ni moins encore un réquisitoire sévère pour s'allier aux deux premières attitudes. Il observe au contraire la réalité en pesant le pour et le contre.

Au-delà d'être une œuvre scientifique et littéraire de qualité (l'on saluera en passant la constance de l'auteur pour ce thème qu'il chérit depuis bientôt 7 ans grâce à son mémoire de Licence en Communication sociale sur la cybercriminalité), le livre a une portée sociale à ne pas négliger. Il s'insère à la fois dans un contexte global et local comme le démontre le troisième chapitre. Les Technologies de l'Information et de la Communication sont de nos jours inséparables de nos activités quotidiennes. Des rencontres de haut niveau sont organisées par des instances internationales en faveur des usages rationnels et profitables à tous à l'instar du Sommet Mondial sur la Société de l'Information (SMSI) sous l'égide l'Union Internationale des Télécommunications (UIT). Au niveau local, la démocratisation progressive du téléphone intelligent et de l'accès à Internet via mobile sont des facteurs qui multiplient les possibilités d'interaction dans la toile. Les réseaux sociaux à leur tour contribuent à créer d'autres formes de sociabilités qui font croiser le réel et le virtuel.

Fort de ce contexte, la République Démocratique du Congo ne devrait pas passer outre ces mutations. En formulation des mesures d'application interpellant à la fois les pouvoirs publics à travers par exemple la création des ministères provinciaux des NTIC, les associations et les personnes privées avec la mise en place des cybercafés pour mineurs et adolescents ainsi que les intellectuels et autres parties prenantes intéressées à travers la création de l'Observatoire des Technologies de l'Information et de la Communication (OTIC), l'ouvrage confirme donc sa portée sociale et son utilité pragmatique. Les recommandations faites et les mesures proposées dans cet ouvrage doivent interpeller la société, dans toutes ses composantes, à ne pas regarder comme anodin ce phénomène de cybercriminalité dont les auteurs n'ont pas encore donné des signes de répit.

Ribio NZEZA BUNKETI BUSE, M.A.
Expert en politiques et industries culturelles/Afrique centrale
Auteur d'ouvrage et d'articles sur les TIC et les nouveaux médias

Remerciements

D'entrée de jeu, je tiens absolument à remercier L'éternel des armées, Maître des temps et des circonstances, sans qui ce livre ne serait resté qu'un vœu pieux, une vue de l'esprit. Je dis EBEN EZER qui signifie jusqu'ici le Seigneur m'a secouru. Oui, il me secourira encore et toujours, et dans un élan de foi débordante, j'ai l'intime conviction que ce livre sera un best-seller.

Dans le même ordre d'idées, je tiens à remercier mon oncle paternel Romain Kamina pour son soutien important dans la matérialisation de ce livre, mes remerciements vont aussi à l'endroit de mes amis et anciens condisciples qui m'ont apporté à travers leurs messages sur ma page facebook, leur soutien chaleureux à ce pari que je me suis lancé et qui au départ n'était pas aussi évident.

Des remerciements particuliers à mon ami Ribio NZEZA BUNKETI, préfacier de ce livre avec qui j'ai fait l'université (Université Catholique du Congo, de 2001 à 2006.).En réalité, le choix que j'ai porté sur sa personne était loin d'être hasardeux. En effet, Ribio a été de la première année de graduat à la deuxième année de licence, premier de la promotion souvent avec une moyenne de 75% de points. Il est détenteur d'un master en politiques industrielles de l'université d'Alexandrie en Egypte et présentement doctorant admis à l'université de Montréal au Canada.

En outre je ne saurai ne pas remercier Liken's LISAWA qui a élaboré la mise en page finale de ce livre.

Aussi, je tiens à remercier tous les lecteurs de ce livre, qu'ils trouvent l'expression de ma reconnaissance. C'est mon premier livre mais pas le dernier, aussi longtemps que Dieu m'inspirera, j'écrirai toujours. Encore une fois de plus merci aux uns et aux autres.

Épigraphe

« Le message, c'est le médium... »
MacLuhan

    « La famille, unité fondamentale de la société et milieu naturel pour la croissance et le bien-être de tous ses membres et en particulier des enfants, doit recevoir la protection et l'assistance dont elle a besoin pour pouvoir jouer pleinement son rôle dans la communauté. »
Convention relative aux droits de l'enfant, ONU, 20 novembre 1989

Dédicace

A mon Dieu Tout puissant, source de toute intelligence, de toute initiative et de toute réalisation ;

Au Seigneur Jésus-Christ par qui tous les exploits sont possibles ;

A mes parents, Patrick MUSUYI et Marie-Chantal NGALULA pour des sacrifices inestimables consentis afin de faire de moi un « Homme » ;

A mes enseignants tant de l'école primaire, secondaire que de l'université qui ont taillé non seulement mon intelligence mais aussi ma personnalité ;

A mon épouse Gorethie MUSHIYA KABANGU avec qui nous partageons jour après jour les délices de la vie mais aussi les vicissitudes ;

A L'ADG de l'INPP, Maurice TSHIKUYA KAYEMBE qui plus d'une fois a été généreux envers ma modeste personne ainsi qu'à son épouse Maman Annie KANKU ;

A ma sœur Rosy MPEMBA MUSUYI , à son mari Alain MATALA, ainsi qu'à leurs deux adorables enfants Rolain et Wonder pour des moments inoubliables que nous passons ;

A mon frère Jeff KALOMBO MUSUYI, à mes sœurs Ruth MUKUNDI MUSUYI, à Patricia MUSUYI, pour la fraternité et la sororité naturelles ;

A mes beaux parents KABANGU MPINGA Trudon et NDAYA BIAYI Jeannette, pour les encouragements répétés et avec qui nous tournons le regard vers le Très Haut ;

A ma belle famille ;

Au couple pastoral Emmanuel et Synphorose TSHIBINGU N'SENGA pour les prières incessantes, le réconfort permanent et l'altruisme spontanés ;

A mes amis, indistinctement pour chaque fait et geste en ma faveur ;

A tous ceux qui un jour m'ont fait du bien, Je dédie ce présent livre.

Prélude

De prime abord, je dois avouer qu'amorcer une réflexion critique sur Internet n'est pas chose facile car la littérature sur ce sujet abonde si bien que cette problématique devient pour tout dire rébarbative. Que n'a-t on pas dit sur Internet? Presque tout, mais pas tout. Pour ce faire, dans les lignes qui suivent je vais tenter de démontrer qu'Internet a deux faces totalement opposées l'une de l'autre. D'une part au regard de tous les bienfaits que cet outil offre à l'humanité, je veux réaffirmer qu'Internet peut à juste titre être considéré aussi comme une merveille, car il a révolutionné la vie des gens dans leur façon de penser, de communiquer, d'agir... je pense qu'il ya lieu de la classer à juste titre comme la « huitième merveille » au regard de l'avalanche des services qu'il offre aux citoyens de la planète terre toute entière. J'aimerais rappeler qu'il existe 7 merveilles au monde que sont : la pyramide de Khéops à Memphis en Égypte, les jardins suspendus de Babylone, la statue de Zeus à Olympie, le temple d'Artémis à Éphèse, le Mausolée d'Halicarnasse, le Colosse de Rhodes et le phare d'Alexandrie. D'autre part, dans une approche spirituelle et théologique, Internet suscite méfiance, doute et a priori.Il est connu de tous qu'une adresse Internet se décline dans sa première partie par WWW, or, il se fait que la lettre W est la 23ième lettre de l'alphabet. 23 est composé des chiffres 2 et 3.Et par un petit calcul, 2 multiplié par 3 font 6.Nous aurons pour ainsi dire 666 pour chaque lettre W (W2x3 W2X3 W2X3=W6.W6.W6). Pourtant 666 est la marque de la bête telle qu'annoncée dans les saintes écritures bibliques dans le livre d'Apocalypse 13 au verset 18 : « c'est ici la sagesse. Que celui qui a de l'intelligence calcule le nombre de la bête. Car c'est un nombre d'homme, et son nombre est six cent soixante-six. ».

De ce qui précède, l'Internet, serait considéré comme un outil au service d'un génie malfaisant. Pour le chrétien que je suis, je crois dur comme fer à ces écrits bibliques. Ceci est un bémol au concert de louanges intarissables débités sur Internet le faisant passer pour une panacée.

Tout bien considéré, l'humanité ne doit cesser de tirer opportunément partie d'Internet tout en sachant que cet outil porte en lui des germes de corrosion des mœurs, de l'économie mondiale, voire de l'humanité, une véritable arme de destruction massive. De ce fait il ne faut pas en faire un usage béat mais plutôt un usage responsable empreint d'éthique.

Introduction générale

Cet ouvrage dont la quintessence est l'usage intelligent d'Internet ne caresse pas l'ambition de s'ériger en paroles d'évangile ni en commandements divins. En revanche, les conseils, les astuces et recommandations évoqués dans cet ouvrage se veulent simplement des repères, des références en premier lieu pour les parents qui sont géniteurs des enfants et qui vivent au quotidien avec ces derniers. Concernant les enseignants, ils ont tout à gagner d'Internet en la considérant comme une opportunité inouïe au regard des ressources pédagogiques prolifiques que recèle ce réseau des réseaux. D'autre part pour les élèves qui pour la plupart sont avant tout des enfants donc ayant un attrait effréné vers la nouveauté et qui devraient percevoir Internet comme un instrument susceptible de décupler leurs aptitudes cognitives.

Il est de notoriété publique qu'Internet est un phénomène qui a fait de ce monde un village planétaire où il est possible en temps réel de connaitre ce qui se passe aux antipodes de la planète. Qualifié à juste titre de couteau à double tranchant, l'Internet est capable du meilleur mais aussi du pire, une véritable langue d'Esope. Du meilleur dans la mesure où il permet à l'homme de disposer à domicile des plus prestigieuses bibliothèques sur l'écran[1] et de faire de lui un Pic de la Mirandole moderne[2].

Du pire car se présentant aussi souvent comme un espace sans foi ni loi, un no man's land, un véritable Far West où pédophiles, escrocs, voleurs, vendeurs d'illusions, scélérats, aigrefins se côtoient et commettent des crimes les plus odieux qu'ils soient. Aujourd'hui, le réseau devient, au nom du droit des affaires, un outil privilégié des miliciens révolutionnaires, des extrémistes terroristes, des pédophiles pervers, des financiers véreux, des prosélytes sectaires, des fous religieux, des cyniques sans morale ni conscience, des consommateurs imprudents et naifs, des racistes... Média[3]

---

1. MVUEZOLO MIKEMBI., « Les enjeux d'Internet », in Revue Philosophique de Kinshasa, Vol.13(1999) ,dans Actes des journées philosophiques de Canisius,1998,p.82.
2. Giovani Pico della Mirandola est un philosophe italien (1463-1494).Surnommé à l'Université de Padoue « prince des érudits »,il y apprit l'arabe, l'hébreu et l'araméen. Selon L.COLET, « à dix ans , en effet, il connaissait déjà toute la littérature ancienne ».Enfances célèbres,Paris,Hachette,1869, p.9.,cité par MVUEZOLO MIKEMBI,art .cité,p.82.
3. Selon J.P TRUXILLO et P.CORSO,le média est comme un moyen physique de transport de l'information. Aussi, distingue t-on les grands médias ou les médias de masse els que la presse, le cinéma, la radio, la télévision et l'affichage d'une part et des médias de périodicité, très divers et de support variés à l'extrême, les annuaires et les publications sans périodicité, le téléphone, l'Internet, les objets publicitaires et leurs pensées, déclinaisons, d'autre part. Cité par YALALA NDONGALA Clayton, Les stratégies des com-

à part entière, Internet remplit les fonctions classiques de tout média à savoir : informer, former et distraire. Il appert que l'Internet compte plus de 5 millions de pages web accessibles à temps réel. De ce point de vue, il est possible pour un élève de s'instruire en dehors de l'école, loin du stress que suscite parfois la présence de l'enseignant, du directeur de discipline ou de tout autre autorité scolaire.

A cet effet, il existe des sites pour aider les enfants en difficulté dans certains cours, d'où le concept d' « Autodidacticité » c'est à dire le fait d'apprendre seul. Par ailleurs, la distraction, ce n'est pas ce qui manque sur Internet, il existe de site de jeux vidéo, jeux de scrabble, jeux d'échecs, jeux de cartes, bref, tout ce qui peut détendre l'esprit. En outre, sur le plan relationnel, Internet est un sacré tremplin offrant la possibilité d'avoir de correspondants, de nouveaux amis à travers le monde, de s'ouvrir au monde grâce à des sites tels que Facebook[4], Twiter que l'on subsume dans le concept éculé cependant mieux compris de réseaux sociaux. De toute évidence, de tous les réseaux sociaux, c'est Facebook qui a le vent en poupe. Son succès est indéniable, son emprise sur les internautes est irréductible, sa fascination envers toutes les couches sociales d'internautes est frappante. Pourtant ce réseau social n'est pas exempt de tout reproche. Telle une pieuvre géante, elle étend ses tentacules sur le web et happe à tour de bras les internautes souvent obnubilés par cette technologie. Une simple demande d'amis suffit pour entrer presque par effraction dans la page Facebook du correspondant.

Somme toute, l'approche utilisée dans cet ouvrage est la dialectique : thèse et antithèse se confrontent. La thèse consiste à affirmer sans ambages que l'Internet est véritablement une merveille et qu'il constitue irréfutablement un promontoire menant vers le savoir. A contrario, l'antithèse s'efforce à démontrer qu'il est nullement question de saupoudrer aveuglement Internet d'éloges parce qu'offrant une avalanche d'avantages aux citoyens du monde. Aussi, de vouloir injustement accabler Internet des diatribes et invectives parce qu'utilisé par des esprits malveillants sans éthique ni bon sens. La vertu se trouve au milieu dit-on, tel est la trame de notre réflexion.

---

munications de lutte contre la cybercriminalité en République Démocratique du Congo, mémoire de graduat en sciences de l'Information et de la Communication, Université de Kinshasa,2009-2010,inédit.

4   Au cours de ces dernières années,le web s'est largement démocratisé-pour Facebook par exemple,les chiffres sont vertigineux :219 milliards de photos postées, 140,3 milliards de liens « d'amitiés » et le bouton « Like »(« j'aime ») utilisé plus de 1130 milliards de fois. Enfin,600 millions de personnes se connectent via mobile(tablettes et smartphones)-ce qui a fondamentalement modifié nos manières de consommer l'information,tiré de http://.webrankinfo.com/dossiers/chiffres-cles-facebook. Cité par PUNGI Lino et MUNGILINGI innocent, Guide pratique du bon usage des médias et réseaux sociaux, Kinshasa,Collection Médiaction,p.8.

Chapitre 1

Internet : Déblayage conceptuel

Ce premier chapitre procède à un déblayage conceptuel d'Internet, en d'autres mots, il dissèque le concept Internet afin d'en faciliter la compréhension au lecteur. Internet n'est pas un concept creux, il a une histoire mais aussi une fonctionnalité. Il serait aberrant d'aborder les effets (positifs ou négatifs) d'Internet sans évoquer la quintessence du concept lui-même.

I.1 Une brève histoire d'Internet[5]

L'Internet est issu des efforts audacieux d'un groupe de personnes, dans les années 1960. Elles avaient prévu le grand potentiel d'un système de communication fondé sur des ordinateurs permettant de partager de l'information scientifique et des résultats de recherche. Alors que, dans les premiers temps, il n'a pas été un environnement convivial, et une seule communauté restreinte d'experts en informatique et de scientifiques l'utilisait, de nos jours, l'Internet relie plus de cent mille million d'hôtes, et il continue à grandir à une vitesse qu'on ne retrouve dans aucun autre moyen de communication.

De ce point de vue, on peut considérer l'Internet comme l'un des succès les plus représentatifs des investissements dans la recherche tant au niveau fondamental qu'appliqué.

A l'origine de son succès, il y a sa capacité de diffusion à travers le monde, permettant l'interaction entre les individus sans la localisation géographique et la distance entrent en jeu. L'information échangée entre les ordinateurs est divisée en paquets de données, et envoyée à des appareils spéciaux appelés routeurs, qui transfèrent les paquets au travers des différents sous-réseaux de l'Internet. Un routeur n'est bien sûr pas relié à tous les autres routeurs. Il ne fait que décider de la direction que les paquets vont suivre. Pour qu'un tel réseau de réseaux puisse fonctionner de façon fiable à l'échelle globale, les pannes locales ou même de grande envergure sur les nœuds du réseau doivent le toucher très peu. Cela signifie que si un site ne fonctionne pas correctement, ou est trop lent, les paquets de données peuvent être re-routés sur le champ vers un autre endroit. Ce réseau de communication est, de façon surprenante, le résultat d'interactions complexes entre des protocoles de communication, des infrastructures matérielles et une architecture de liens dont l'évolution s'effectue sans le contrôle d'une autorité centrale.

Dans l'Internet, les choses ont toujours changé, quelquefois graduellement et quelquefois très rapidement, mais jamais en suivant une conception générale prédéfinie. En ce sens, l'Internet est un exemple

---

5. Romualdo PASTOR-SATORRAS et Alessandro VESPIGNANI, Internet : Structure et évolution, Belin, Paris, p.18.

capital de système auto-organisé, conciliant les besoins humains et les capacités technologiques.

I.2 Le fonctionnement de l'Internet[6]

I.2.1. Description physique

Le point de départ pour donner un aperçu général de l'Internet est le concept de réseau informatique. Un réseau est un ensemble d'ordinateurs-habituellement appelés des hôtes-reliés de façon que chacun d'entre eux puisse réagir avec tous les autres. La connexion entre les hôtes est rendue possible par deux composantes majeures : la composante matérielle (hardware) et la composante logicielle (software). La composante matérielle désigne l'ensemble des composants physiques des réseaux, tels que les ordinateurs et les câbles de communication qui transfèrent des données entre les ordinateurs, allant des lignes de téléphone locales aux câbles en fibres optiques, et même aux connexions par satellite. La composante logicielle désigne l'ensemble des programmes informatiques qui régissent l'échange de données à travers des composants matériels. Les logiciels définissant ces opérations sur les réseaux sont souvent appelés des protocoles, car ils établissent l'ensemble des standards qi permettent de gérer les communications.

L'Internet est lui-même un réseau de réseaux hétérogènes reliés les uns aux autres. Parmi les différents types de réseaux, on peut distinguer deux configurations de base, déterminées principalement par leur taille géographique :

- Les Local Area Networks(LANs)(réseaux locaux) sont utilisés pour relier des hôtes dans des zones restreintes(bâtiments, services d'universités, etc).Ils peuvent utiliser différentes technologies et protocoles, tels qu'Ethernet, les token rings, etc. ;
- Les Metropolitan Area Networks(MANs) (réseaux métropolitains) et les Wide Area Networks(WANs)(réseaux s'étendant sur une grande zone),d'autre part, relient des ordinateurs répartis dans de vastes zones géographiques en utilisant des câbles en fibres optiques, des lignes terrestres longue-distance, des communications radio ou par satellite.

Les différents réseaux composant l'Internet sont reliés par des appareils spécifiques appelés des routeurs, qui régissent les communications entre des hôtes, aussi bien à l'intérieur d'un même réseau que dans des réseaux différents.

---

6   Romualdo PASTOR-SATORRAS et Alessandro VESPIGNANI, op.cit., p.28.

Les routeurs jouent un rôle-clé car ils ne sont pas des simples expéditeurs de données, mais participent aussi à la connexité physique de l'Internet. De plus, ils échangent continuellement des mises à jour sur l'état du réseau, les chemins de routage, et d'autres informations nécessaires pour maintenir l'Internet vivant et pour choisir le meilleur routage pour les données. Il y a d'autres composants importants de l'Internet, tels que les passerelles, les répéteurs (repeater), les switches et les publics exchanges points.

Les passerelles sont des machines qui relient deux réseaux ou plus en ne transmettant qu'un certain type de trafic, c'est-à-dire en agissant comme des filtres. Les répéteurs sont des appareils qui ne font que transmettre le signal d'un câble à un autre, sans prendre aucune décision concernant le routage. Les switches sont des appareils qui relient plusieurs hôtes ensemble dans des LANs. Alors que les composants précédents sont habituellement présents au niveau des LANs, les exchanges points connectent entre eux des réseaux administrés de façon autonome en des points publics où plusieurs routeurs sont reliés les uns aux autres. La grande hétérogénéité de l'Internet se reflète également au niveau logiciel, car chaque réseau peut reposer sur des protocoles différents. Les routeurs de l'Internet doivent donc être capables de traduire d'un protocole vers un autre, en travaillant sur la base d'un protocole général qui joue le rôle d'un langage universel et d'un système d'adressage. L'Internet est en effet construit sur toute une famille de protocoles coopératifs, souvent appelée la suite de protocoles de l'Internet.

I.2.2. Les protocoles

L'Internet est un réseau de paquets. Cela veut dire qu'il n'y a pas de partie dédiée du réseau travaillant exclusivement pour une personne qui l'utilise. Cette philosophie est à l'opposé des réseaux de communicationtels que, par exemple, le système téléphonique-dans lequel, quand un appel est passé, une section du réseau est assignée spécifiquement pour établir une connexion dédiée, ou circuit, entre deux points. Cela implique que cette partie spécifique du réseau est indisponible pour tous les autres utilisateurs, même quand l'appel est mis en attente. Dans un réseau de paquets au contraire, les communications entre deux hôtes sont mélangées avec les données de tout le monde, mises dans des tuyaux communs, livrées à l'adresse de destination spécifiée, et elles ne sont triées qu'une fois arrivées à destination. Ce sont les routeurs de l'Internet qui supervisent ce processus et accomplissent toutes ces opérations en suivant un ensemble de protocoles standards. La suite TCP/IP[2] de protocoles pour l'Internet contient toute une famille de protocoles, dont les plus importants sont le Transmission Control Protocol (TCP) et l'Internet Protocol(IP).L'IP définit un espace d'adresses unique pour l'Internet dans lequel chaque hôte reçoit son propre numéro IP, aussi appelé adresse IP. Quand un hôte envoie un paquet de données à une adresse donnée, le routeur l'expédie à l'adresse de destination. Ne pouvant pas avoir des connexions physiques avec tous les autres routeurs de l'Internet, le routeur traite le paquet en considérant l'adresse de destination et en l'envoyant au routeur voisin le plus proche de l'adresse de destination, c'est-à-dire le meilleur saut suivant vers la destination finale. La façon dont le routeur décide quel routeur du saut suivant est déterminée par les algorithmes de protocole de routage qui seront étudiés dans la section 4.

Cette caractéristique donne au réseau le grand avantage que tous les routeurs ont la même importance :la défaillance de l'un d'entre eux n'empêche pas le fonctionnement du réseau, car les routeurs peuvent décider en temps réel d'envoyer les paquets par un autre chemin. Dans un réseau de paquets, de grands blocs de données sont fragmentés en morceaux plus petits de tailles similaires, envoyés séparément. De cette manière, tous les utilisateurs partagent équitablement les ressources, et, en de fort trafic, les performances deviennent moins bonnes pour tout le monde, de façon démocratique. Le rôle principal du TCP est de couper l'information en paquets de taille petite et gérable, étiquetés avec les IP d'origine et de destination. Chaque paquet de donnée est numéroté et étiqueté par le TCP pour que le logiciel TCP puisse réunir les paquets de données et les rassembler dans l'ordre correct à la réception par l'hôte destinataire. Ainsi, les paquets peuvent être envoyés par des chemins différents ou de façon idéale sur l'Internet ;des paquets peuvent être perdus ou subir des retards importants.

En effet, quand un routeur est sur chargé, il accumule une liste d'attente de paquets de données à traiter. Si le nombre de paquets dans la queue devient trop grand-débordant de la mémoire tampon-le routeur rejette les paquets qui arrivent. Le TCP gère cela en envoyant des messages de retransmission et en vérifiant les délais de transmission, ce qui permet à l'hôte de ré-envoyer les paquets que lorsque c'est vraiment nécessaire. Bien que l'établissement des communications TCP garantisse que les messages soient transmis correctement, il est très coûteux en termes de paquets qui circulent et de temps CPU.C'est pour cela que la suite de protocoles de l'Internet contient d'autres protocoles de transport standard, particulièrement adaptés aux programmes qui n'envoient que des messages courts. Le User Datagramm Protocol(UDP),par exemple, ne s'occupe pas des paquets manquants, ou de l'ordre dans lesquel les données sont transmises. Le UDP se contente d'envoyer des messages courts sans attendre une réponse confirmant la réception. Nous verrons que pour explorer la structure de l'Internet, on se sert souvent des protocoles de transports utilisant de petits paquets, comme l'UDP et Internet Control Message Protocol(ICMP).La suite des protocoles de l'Internet contient encore d'autres protocoles de niveau application, dont beaucoup sont connus par les utilisateurs de l'Internet. On peut citer parmi ces derniers le File Transfer Protocol(FTP),le Tlnet Protocol, et le Simple Mail Transfer Protocol(SMPT).Ce sont des logiciels de haut niveau qui contrôlent respectivement les transferts de gros fichiers, les sessions à distance et les échanges de courriers électroniques.

I.2.3. L'adressage dans l'Internet

Pour pouvoir rejoindre l'Internet, chaque hôte doit posséder une adresse unique, utilisée par les routeurs et les protocoles pour l'identifier et dialoguer avec lui.Une adresse IP est un nombre de 32 bits réparti en quatre champs. Les champs sont séparés par un point, et chacun est constitué d'un morceau de 8 bits (un octet)du chiffre de 32 bits. Chaque adresse IP est donc constituée de quatre nombres compris entre 0 et 255,comme   140.105.16.
$$197.12.33.128$$
Puisque l'Internet est un réseau des réseaux, chaque adresse est composée d'une partie réseau et d'une partie locale. La première partie de l'adresse (le préfixe réseau) indique aux routeurs le réseau auquel l'ordinateur appartient, et la deuxième partie désigne l'hôte spécifique auquel correspond l'adresse. Les adresses IP sont réparties en différentes classes, en fonction du nombre d'octets correspondants à la partie réseau. On distingue en moyenne trois classes d'adresses.

Classe A : ces adresses sont données à de très grands réseaux avec beaucoup d'hôtes. La partie réseau ne contient que le premier octet, et les trois autres constituent la partie locale. Dans cette classe, les valeurs du premier octet sont comprises entre 0 et 127.Il faut remarquer que les zéros dans la partie locale sont habituellement négligés ;par exemple, on parlera du nombre 46.0.0.0 comme du réseau 46.

Classe B : dans cette classe, la partie réseau est constituée des deux premiers octets, et les deux derniers représentent la partie locale ? On utilise cette classe pour des grands réseaux, comme des campus, ou quelques WANs. Les valeurs du premier octet sont comprises entre 128 et 191,et les deux derniers octets peuvent prendre toutes les valeurs possibles dans l'intervalle 1-254(255 est un nombre réservé pour la diffusion(broadcasting)globale). Les réseaux de classe B peuvent contenir en principe jusqu'à 65532 hôtes.

Classe C : Ces adresses sont attibuées habituellement aux LANs. Les trois premiers octets correspondent au réseau et la partie locale ne comprend que le dernier octet. Le premier octet des réseaux de la classe C a des valeurs comprises dans l'intervalle 192-223 et ces réseaux ne peuvent contenir en principe qu'un nombre restreint d'hôtes.(jusqu'à 254).Il y a en outre deux classes spéciales de réseaux, les classes D et E,qui sont réservés au multicast et à un usage expérimental. Le préfixe réseau est attribué par des entités d'immatriculation qui conservent des registres avec les numéros utilisés. Ce sont les administrateurs réseau qui assignent la partie locale de l'adresse aux hôtes. Il peut arriver que des réseaux individuels se développent en plusieurs LANs étendus qu'il vaudrait mieux considérer comme un seul réseau, avec une seule adresse, pour que le routage se fasse plus facilement. L'implémentation du subnetting apporte une solution à cette question. Le subnetting rajoute un niveau entre le réseau et la partie locale est utilisée pour différencier différents réseaux. Au niveau pratique, cela se fait grâce à un masque de réseau (net mask) qui spécifie le nombre total de bits qui représentent le réseau.

Décrivons enfin une sorte différente de découpage du réseau, qui concerne les réseaux administrés de façon autonome (autonomously administrered networks).Chaque système autonome(autonomous system ou AS) est une entité administrée indépendamment, pouvant être composée de beaucoup de routeurs et de réseaux, qui décident de façon autonome des communications internes et de la politique de routage. En première approximation, on peut associer chaque AS à un fournisseur d'accès à Internet(Internet Service Provider ou ISP).Il faut insister sur le fait qu'un AS peut être très délocalisé géographiquement. La complexité croissante de l'Internet a mené à la séparation du routage intra-domaine et du routage inter-domaine pour choisir les chemins, en tenant compte des accords de service entre les différents AS.

I.2.4. Le routage des paquets

Les routeurs livrent les paquets de données en les envoyant à un routeur apparié le long du chemin, et le plus adéquat entre la source et la destination finale. Les routeurs doivent avoir une connaissance assez globale de l'Internet pour savoir quel est le chemin le plus adéquat. Les routeurs échangent en permanence des informations sur l'état du réseau et des liens, pour gérer et mettre à jour cette connaissance. L'information se propage d'un routeur vers ses voisins, en un processus de propagation qui se passe de saut en saut. Ce processus est régi par les protocoles de routage, ce qui assure que tous les routeurs convergent vers la meilleure estimation possible du chemin menant à chaque adresse de destination. Le routage dans l'Internet est aujourd'hui séparé en deux parties. Le Interior Gayeway Protocol (IGP) est utilisé dans les LANs et dans les réseaux administrés de manière indépendante. Le Exterior Gateway Protocol (EGP), lui, gère le routage des informations entre les différents réseaux. Les deux protocoles assurent une grande stabilité du réseau, en garantissant que s'il y a une défaillance sur le lien, le réseau peut s'adapter et envoyer les paquets de données vers leur destination par un chemin différent. l'IGP standard est le Routing Information Protocol (RIP).Il repose sur trois éléments principaux.(i)une base d données qui entrepose des informations concernant les chemins les plus courts d'un ordinateur à un autre ;(ii) un mécanisme de propagation permettant aux routeurs d' échanger leurs bases de données; (iii)un algorithme qui permet au routeur de mettre à jour sa base de données quand un chemin plus court lui est donné par un de ses voisins. Pour chaque adresse du même réseau RIP, la base de données stocke le préfixe de l'adresse, le routeur voisin auquel il faut envoyer les messages dont les adresses IP des destinataires appartiennent à ce préfixe, et le nombre de routeurs entre le routeur considéré et celui qui pourra finalement livrer directement le message à son destinataire. En outre, un drapeau est ajouté à toutes les informations ayant changé depuis peu, pour que les routeurs qui communiquent avec le routeur considéré puisse mettre à jour leurs propres bases de données. A des intervalles de temps réguliers, chaque routeur envoie aux routeurs auxquels il est relié un message de mise à jour sur sa base de données. Quand un routeur découvre qu'un de ses voisins connaît un chemin plus court que ceux des autres, il met à jour sa propre base de données en suivant un algorithme mathématique préétabli, puis il fait connaître cette mise à jour à ses voisins. De cette façon, la mise à jour se propage rapidement dans tout le réseau, en lui permettant de s'adapter à des changements brusques dans les connexions, suite à des coupures de courant ou de l'ajout ou la suppression d'ordinateurs. Si un paquet de données est envoyé à l'extérieur du paquet RIP, il est dirigé vers le routeur qui gère l'EGP. Ce routeur l'envoie, à travers l'Internet, au routeur EGP du réseau d'adressage du destinataire, qui envoie le paquet à sa destination finale en utilisant le RIP local. Cependant le routage interdomaine ne peut se contenter de choisir le plus court chemin, et il doit prendre en compte les politiques et les accords commerciaux entre les ISPs. Par souci d'économie, les chemins de routage dans l'EGP sont spécifiés uniquement par les numéros d'AS, ce qui évite d'avoir à donner de longues listes routeurs intermédiaires. L'EGP le plus utilisé est le Border Gateway Protocol (BGP). Quand on allume un routeur BGP, il établit une session d'appariement (peering session) avec les routeurs BGP auquel il est directement relié, et téléchargé l'intégralité de leurs tables de routage. Après cela, tous les échanges d'information ne sont que de simples messages de mise à jour. Les messages de mise à jour contiennent des informations sur la suppression de certaines routes, ou sur une nouvelle route qui est meilleure pour un certain préfixe de réseau.

Dans ce dernier cas, le routeur BGP annonce à tous ses pairs qu'un certain préfixe est accessible en passant sur un de ses voisins, après avoir ajouté son propre numéro d'AS au début du chemin. Si la mise à jour contient de nouvelles informations, les routeurs BGP qui la reçoivent font tourner l'algorithme de décision pour trouver quel est le routeur voisin qui a le meilleur chemin pou le préfixe d'adresse spécifié. L'algorithme de décision a un champ de coût qui lui permet de prendre en compte des critères de politique spécifiques, déterminés par les administrateurs locaux, en considérant en particulier les accords passés entre les ISPs. Enfin, si le nouveau chemin est choisi, le routeur annonce à son tour ce nouveau chemin à ses voisins.

I.3. Services et applications d'Internet[7]

1. E-mail(Electronic mail) :c'est un système mondial d'envoi et de réception de courrier électronique, qui est la fonction la plus utilisée sur Internet :80% du trafic. Il permet aux utilisateurs du réseau d'échanger des informations et des données.

2. FTP(protocole de transfert de fichiers) :c'est un programme qui sert à transférer des copies de fichiers situés dans d'autres ordinateurs.

3. Archie, Veronica et Gophers :ce sont des programmes qui permettent de surfer sur Internet, i.e d'effectuer des recherches sur Internet de façon à y localiser, en passant facilement d'un site à un autre, des informations intéressantes.

4. Newsgroups ou forums :ce sont des groupes de discussion sur des thèmes précis,des salons où l'on « s'entretient » directement avec

---

7   MVUEZOLO MIKEMBI ,art.cité ,pp .77-78.

d'autres internautes ayant les mêmes centres d'intérêt. C'est le service d'Internet appelé Usenet qui donne accès à ces forums.

5. Liste de diffusion(listeservers) :ce sont des listes des adresses Internet qui distribuent l'information de façon sélective sur des sujets précis. Il suffit à l'utilisateur de localiser sur Internet, grâce à un moteur de recherche, le site qui l'intéresse. En tapant un mot ou une expression de recherche, le site lui renvoie une liste d'adresses Internet.

6. La Toile – World Wide Web ou le Web ou encore WWW :littéralement la toile d'araignée mondiale, le Web est un concept mis au point par Tim Berners-Lee du Centre Européen de Recherche Nucléraire(CERN) en mars 1989.C'est la partie d'Internet sur laquelle des pages d'accueils(home pages)établissent des liens réciproques entre diverses sources d'informations et emplacements sur des ordinateurs distants. Avec le Web, un auteur peut souligner ou mettre en évidence un mot, une expression ou une image dans son document. Le Web permet aussi d'enregistrer et de visionner des photographies, des images, des animations et des séquences vidéo ;ou encore d'enregistrer et d'écouter des documents sonores.

7. L'IRC (L'Internet Relay Chat) : c'est un service de bavardage Internet qui permet à un groupe d'utilisateurs arborant des pseudonymes d'échanger des messages en temps réel sur des thèmes précis.

8. Les fournisseurs d'accès Internet :bien d'utilisateurs individuels accèdent à Internet en s'abonnant à des réseaux locaux prestataires qui mettent à leur disposition un numéro de téléphone local pour se connecter à Internet.

I.4. Famille et Internet : un lien qui reste à créer(8)

A qui s'adresse Internet ? A considérer la plupart des annonces publicitaires vantant les mérites du « réseau mondial », ses performances en capacité de connexion ou en vitesse de téléchargement, l'internaute est d'abord un découvreur curieux de cet autre lointain géographiquement ou proche mais encore inconnu. Il est surtout exigeant avec la technique et d'abord pressé. A priori, rien qui ne soit des valeurs portées par la famille qui se nourrit plutôt de proximité quotidienne, d'exigence dans la qualité des rapports humains, de tolérance acceptée et de vécus partagés sur une grande longueur de temps.

8   CHICANOT-ROUSSET G., PERALDI O., THORAVAL, J., Protection de l'enfant et usages de l'Internet, Conférence de la famille 2005,Rapport préparatoire à la conférence de la famille. Paris La Documentation française, Paris, 2005, P.18.

A l'opposé, le net est d'abord une promesse de liberté. Immédiateté, gratuité, anonymat, disponibilité, l'accès à tous à tout moment, voilà ses maîtres mots. Le discours de l'Internet est technique ; son paradigme, le progrès ; son credo, la modernité. La technique rend possible la communication globale, quel que soit le lieu de son interlocuteur. Avec le wi-fi ou via les relais satellitaires, la connexion se passe de fil et plus rien n'arrête l'avancée d'un réseau de plus en plus immatériel et accessible. Chaque internaute a connaissance du potentiel de communicabilité inédit et apparemment sans limites qui lui est offert.

La famille se situe sur un registre différent où la temporalité s'impose. La famille s'accorde mal avec l'instantanéité. Elle est chronophage. Elle demande du temps pour se construire par l'action de ses membres. Elle n'est économe ni en investissements personnels ni en prises de risques individuelles face à la volonté et au jugement de ceux avec qui se partage un plus ou moins long espace de vie.

La famille se détermine, notamment, par l'expérience et l'enseignement partagés entre ses membres, une histoire et des racines communes, un corpus de valeurs déclarées, un apprentissage et une hiérarchie des solidarités, des desseins individuels qui se jugent à l'aune de l'intergénération.

Aucune technologie de communication n'interagit sur le déroulement des événements familiaux, ni pour les résoudre, ni pour en accélérer la trame, ni même pour en préserver l'éventuel bénéfice. Au sein de la famille, l'échange ou la « déconnexion » relève de la volonté des uns et des autres et engage la responsabilité des interlocuteurs. Aucun « clic » d'aucune souris ne permet à l'enfant ou au parent de « passer à autre chose », de rompre une discussion, d'éluder une situation pénible sans en supporter les conséquences, de changer d'interlocuteur ou d'univers, en un mot d'être exempté de toute contrainte dans son rapport aux autres.

En résumé, la famille n'est pas univoque, l'Internet peut l'être ; la famille est une chance d'échanges et d'enrichissements personnels par l'autre. Sur ce plan, l'Internet ne tient pas toujours ses promesses.

Dans ces conditions, nul étonnement à ce que la famille et l'Internet se soient si longtemps ignorés. La première a fermé les yeux sur les possibilités nouvelles qui pouvaient naître de la technologie et venir enrichir telle ou telle pratique familiale. Le second, en s'adressant plutôt aux individus qu'aux fratries, privilégiant dans un discours éprouvé les approches communautaires, s'adressant au salarié plutôt qu'au parent, à l'élève scolarisé plutôt qu'à l'enfant, au consommateur de services et de produits avant le citoyen.

Chapitre II

Des recommandations aux parents, aux enseignants et aux élèves

Ce second chapitre égrène une longue série de recommandations dans le but d'avoir une utilisation plus rationnelle et préventive d'Internet. Ces recommandations ne sont pas des oukases ou des commandements. Appliquées avec rigueur et lucidité, elles permettront aux destinataires d'apprivoiser Internet et de le bonifier au maximum.

II.1. Aux enfants

1. Considères Internet comme un outil de connaissance, d'instruction, de recherche et d'ouverture au monde ; L'internet te permet d'augmenter tes capacités intellectuelles pour autant que tu l'utilises à bon escient. Il existe des ressources illimitées pouvant te servir de prolonger ce que l'enseignant a donné à l'école. Un exemple facile : l'encyclopédie numérique Wikipedia te permet d'avoir le monde entre tes mains. Tout sur l'histoire, la géographie, la chimie, la physique et autres matières y est contenue.

2. Connectes toi à des sites éducatifs tel que japprends.eduquepsp.cd afin de consolider le savoir acquis à l'école et d'asseoir ta culture générale ; «A l'aune des atouts et opportunités qu'offrent les Nouvelles Technologies de l'Information et de la Communication(NTIC), le Ministère de l'EPSP a mis en place une cellule de Gestion de Communication(CGC) afin de tirer opportunément profit de ces technologies. Ces NTIC, au moyen de ce site Web, se veulent être une contribution à l'amélioration de la qualité et de la pertinence des apprentissages. Ce site Web : japprends.eduquepsp.cd est une mine d'or pour les élèves, les enseignants et tout autre opérateur pédagogique en ce qu'il est constitué des branches, des matières, des chapitres, des leçons modèles et des questions se rapportant à l'ensemble du savoir dispensé et à dispenser aux élèves. Je souhaite à toutes et à tous des belles expériences pédagogiques. Ensemble et motivés nous ferons de notre pays un pool d'intelligence et du savoir-faire, un vivier de la nouvelle citoyenneté comme l'a déclaré son Excellence Joseph KABILA KABANGE, Président de la République démocratique du Congo »[9].

3. N'importe quelle information trouvée sur Internet n'est pas toujours vraie, il faut toujours vérifier la véracité auprès de ton enseignant. L'Internet est une invention humaine, il n'est pas providentiel. Les écrits et les images qui constituent les sites sont placés par des humains qui

---

9   Propos de M.Maker MWANGU FAMBA Ministre de l'EPSP et de l'ESU dans www. japprends.eduquepsp.cd, pages consultées le 12 février 2014.

peuvent aussi se tromper. D'ailleurs, un adage populaire dit que « l'erreur est humaine ». Autrement dit le contenu d'Internet n'est pas paroles d'évangile devant lesquelles il faut dire « Oui et amen ». Sur Internet, vous trouverez des sites subversifs, révisionnistes, iconoclastes qui caricaturent la vérité, l'histoire et la réalité pour des raisons inavouées. D'où, une information pour laquelle le doute vous hante, parlez en à votre enseignant ou à un de vos parents pour plus de lumière sur la question.

4. Evites de te connecter trop longtemps à Internet au risque de devenir cyberdépendant et d'oublier de te consacrer à d'autres tâches plus utiles ; La multiplicité des services qu'Internet offre pousse souvent son utilisateur sans qu'il s'en rende compte à une addiction (dépendance exagérée). Cette addiction que nous qualifions de cyberdépendance guette pour la plupart des cas les enfants, les adolescents qui sont atteints par ce que les sociologues appellent le « philonéisme ». Ce concept signifie l'amour prononcé pour la nouveauté. Ainsi, les jeunes dans leur fougue juvénile sont atteints par ce « virus » de « philonéisme ». Ce qu'il y a d'inquiétant pour les jeunes et les enfants dans la dépendance à Internet est que ce comportement a une incidence sur les résultats à l'école. Il y a des enfants qui ne font que ça le clair de leur temps sacrifiant les devoirs, les tâches à domicile voir les activités liées à l'église. C'est pourquoi il faut un usage modéré et pondéré d'Internet pour ne pas devenir cyberdépendant.

5. Méfies toi des messages venant d'inconnus rencontrés sur Internet car ils peuvent être des cybercriminels ; L'Internet et les TIC ont entre autres comme caractéristiques l'anonymat notamment en cas d'interaction sur le réseau. Vous n'êtes pas un devin pour savoir l'identité de celui qui est devant son ordinateur et qui correspond en ligne avec vous. Il peut être un criminel, un malfaiteur ou un pédophile. Ainsi, il peut volontairement présenter une fausse identité se faisant passer pour un enfant dans le but final de perpétrer un crime ou un vol.

6. Ne donnes jamais tes données personnelles (noms, numéro de téléphone, adresse du domicile...) à ces mêmes inconnus rencontrés sur Internet, ils peuvent en faire un usage négatif ; La sagesse veut que tu adoptes une attitude très réservée sur Internet. En donnant tes données sensibles telles que le nom, le numéro de téléphone et l'adresse du domicile, tu t'exposes à des possibles chantages, harcèlement et pourquoi pas à des enlèvements inattendus par des personnes peu fréquentables.

7. Ne participes jamais aux jeux concours ou loterie d'argent sur Internet, tu peux y perdre de l'argent car ils sont souvent organisés par des cyberescrocs ; Les jeux d'argent ne sont jamais conseillés, à plus forte raison sur Internet. Tu es encore enfant concentres toi à tes études. Etant donné que tu ne maîtrises pas les conditions d'organisations de ces jeux en ligne, tu cours le risque de perdre de l'argent et de devenir obsédé au point que tu peux sombrer dans le vol d'argent de tes parents et d'autres personnes.

8. Utilises à bon escient les médias sociaux pour en tirer le meilleur possible ; Un réseau social dans le contexte des technologies de l'information et de la communication est un serveur en ligne permettant aux individus de se construire un profil public ou semi-public dans un système limité, d'établir un liste d'utilisateurs avec qui ils ont un lien, et de voir les listes de liens établies par les autres utilisateurs du système et de les croiser avec les leurs[10].Au cours de ces dernières années, le web s'est largement démocratisé-.En effet, « avec plus d'un milliard d'utilisateurs dans le monde, Facebook est un phénomène de société mondial qui compte de plus en plus de jeunes et très jeunes adeptes. Bien utilisé, c'est un fabuleux outil de communication. Mais souvent enfants et adolescents y dévoilent trop d'informations.»[11] Dans tous les cas, en vue de rester protégé sur Facebook, mettez en pratique les conseils ci-après :(1)n'acceptez les invitations que des amis que vous connaissez ;(2)créez un mot de passe sûr et utilisez-le uniquement pour Facebook ; (3)ne partagez pas votre mot de passe ;(4)modifiez votre mot de passe régulièrement ;(5) Partagez vos informations personnelles uniquement avec les personnes et entreprises qui en ont besoin ;(6)Déconnectez-vous de Facebook après avoir utilisé l'ordinateur de quelqu'un d'autre ; (7) utilisez la navigation sécurisée lorsque cela est possible ;(8)Téléchargez des applications uniquement depuis des sites dans lesquels vous avez confiance.

9. Utilises toujours un antivirus afin de mettre ton ordinateur à l'abri de toute menace virale[12]; Les définitions de virus étant hétérogènes, le monde de la sécurité s'accorde au moins à reconnaître une caractéristique commune dans l'indentification d'un virus qui est la

---

10 Nicolas CURIEN-Winston MAXWELL, La neutralité d'Internet, La Découverte, Paris, 2011. Cités par PUNGI Lino et MUNGILINGI innocent, op.cit, p.9.

11 Jacques HENNO, Facebook et vos enfants. Guide pratique : les 45 questions à se poser absolument, cfr. résumé du livre dans www.infobébés.com. Pages Consultées le 25 novembre 2013.

12 KALONJI BILOLO TD, Virus à la loupe, Editions du Phoenix, Kinshasa, p.16.

duplication par la corruption des fichiers ou autre processus sains en vue de modifier les fonctionnalités dans l'intention de nuire. Les virus sont regroupés en quatre grandes catégories en fonction de leurs modes d'infection et de la nature de leurs cibles : les Virus Programmes, les Virus Systèmes, les Virus Interprétés et les Vers[13]. Pourtant, Internet est une énorme fourmilière dans la quelle tous les aspects de notre vie quotidienne sont virtualisés. Avec la multiplication des virus interprétés, votre plus grand ennemi lorsque vous surfez sur la Toile et le compagnon qui rend cette navigation possible : le navigateur Internet. Utilisant ses failles, des pirates intègrent des codes nuisibles dans les codes sources des pages web que vous visitez. Ainsi, le simple fait de visiter un site web infecté, drainera une panoplie de malwares divers (troyens, adwares, spywares, etc).En vue de te prémunir de tout cela, il importe que tu utilises un logiciel antivirus qui est un élément clé dans la lutte contre les malwares. Le choix de l'antivirus ne doit pas porter sur l'esthétique, comme c'est le cas aujourd'hui ; mais plutôt sur son efficacité et son niveau d'intégration au sein de votre système. De nos jours, il existe une panoplie de virus sur le marché, il aussi existe des antivirus gratuits, téléchargeables sur Internet.

10. Evites d'accéder à des sites immoraux car ils détruisent et polluent ton esprit. Il convient de garder à l'esprit qu'Internet est un fourre-tout, on y trouve le meilleur mais aussi malheureusement le pire. En vue de conserver ton esprit sain, évites d'accéder aux sites immoraux (pornographie, sectes, violences, mystiques, etc.) ces sites n'ont qu'une seule finalité : polluer ton esprit et de te détourner du bon chemin.

11. Ne deviens pas ami à n'importe qui sur les réseaux sociaux (Facebook, Twitter, etc) Tu n'es pas obligé de devenir ami à toutes les personnes qui t'envoient des demandes d'amis, il ya des demandes que tu peux décliner afin de t'éviter des ennuis plutard. De ton côté aussi, ne fais pas de demandes d'amis comme si tu jettes un filet dans le fleuve pour attraper des poissons, sois réservé et si possible discret. Certains « amis » peuvent se révéler dangereux après.

---

13   Idem

II.2 Aux Enseignants

1. Ne soyez pas inquiétés par Internet. Utilisez cet outil à votre avantage pour bonifier l'expérience de l'enseignement comme l'apprentissage. Montrez votre intérêt pour l'exploration de l'Internet, et contrôlez son utilisation par vos élèves chaque fois que vous en avez l'occasion ;

2. Faites découvrir à vos élèves des sites au contenu de qualité et approprié à leur âge. Créez des listes de signets de sites intéressants pour que ce soient les premiers qu'ils auront à portée de souris en se connectant. Discutez avec eux des sites proposants des informations éducatives ou récréatives ;

3. Apprenez et enseignez la netiquette. Encouragez vos élèves à utiliser en ligne les mêmes règles de courtoisie que vous attendez d'eux en cours.

4. Soyez prêt à expliquer pourquoi les étudiants pourraient rencontrer un message d'avertissement de site bloqué de votre logiciel de filtrage. Parlez avec eux des différences entre contenus appropriés et non appropriés. Enseignez des règles de sécurité de base en ligne. Indiquez à vos élèves de ne jamais communiquer en lignes des informations personnelles telles que numéro de téléphone, adresse physique, âge, nom de l'école, etc.

5. Interdisez les visites sur les sites de discussion ou, à tout le moins, découragez leur utilisation :la plupart des sites de discussion ne sont pas contrôlés et des mineurs inexpérimentés ne sont pas en mesure de différencier en ligne d'autres mineurs de 12 ans d'adultes de 42 ans se faisant passer pour de jeunes mineurs pour des motifs troubles.

6. Indiquez à vos élèves que faire lorsqu'ils trouvent des contenus inappropriés sur le web. Dites leur qu'ils peuvent vous parler des sites qui les mettent mal à l'aise.

7. Définissez d'avance des limites à l'utilisation d'Internet. Le temps passé en ligne ne doit pas être qu'expérience pédagogique parmi d'autres, y compris le sport et la vie sociale.

II.3 Aux Parents

1. Installer l'ordinateur dans la salle de séjour ou dans une pièce commune (pour la connexion à domicile). Cette disposition vous permet d'avoir toujours un œil sur les activités de vos enfants sur Internet. Ainsi, un contrôle régulier et permanent sur les sites fréquentés par vos enfants sera possible. Au cas contraire, l'enfant qui se cloître dans sa chambre en naviguant sur Internet se voue aux gémonies des acteurs malfaisants qui foisonnent sur Internet.

2. De naviguer parfois avec vos enfants, voir comment ils « surfent » sur l'Internet : leurs sites préférés et les orienter vers les sites sans risques pour les enfants. Il est plus intéressant de ne pas manifester une indifférence face à ce que vos enfants font sur Internet. En naviguant avec eux, vous avez la facilité de mieux les orienter et à les conditionner progressivement à consulter des sites sans risques.

3. D'avoir d'expériences dans le cyberespace, rencontrer régulièrement d'autres parents internautes et échanger votre expérience sur les dangers de l'Internet face aux enfants au cours de leur navigation. L'échange d'expérience avec des amis parents est toujours enrichissant. Auprès d'autres parents, il est possible d'apprendre d'autres méthodes de surveillance et d'accompagnement des enfants sur Internet.

4. Instaurez un dialogue avec vos enfants en leur demandant de vous expliquer ce qu'ils font sur Internet. A coup sûr, ils seront fiers de vous montrer ce dont ils sont déjà capables. Et de ces interactions naîtront une confiance afin que vous parents deveniez des confidents de tout ce qui se passe sur Internet.

5. D'installer des logiciels de filtrage qui accompagneront vos enfants dans un Internet plus sûr.ces logiciels constituent simplement des garde-fous susceptibles d'épargner vos enfants des risques et des dangers qu'ils encourent lorsqu'ils naviguent. Ces logiciels bloquent l'accès à des sites jugés dangereux pour les enfants sur base d'une liste noire (listes de sites inaccessibles) et liste blanche (liste de sites appropriés donc accessibles).Toutefois, ces logiciels ne constituent pas des assurances tous-risques.»[14]

6. Apprenez à vos enfants à ne jamais divulguer d'informations personnelles (âge, sexe, adresse, numéro de téléphone, nom de leur école, photo, etc.). Ces informations considérées comme stratégiques, pour tout dire, confidentielles ne devraient pas être mises sur la place pu-

---

14. Moustapha MULONDA KAFIAMALI, Adolescents de la ville de Kisangani et consommation de l'infopollution, mémoire de Licence en sciences de l'information et de la communication. Université de Kisangani,2009.dans www.mémoire online.fr

blique à la merci du tout venant. Ces informations pourraient tomber entre des personnes malveillantes (prédateurs sexuels, voleurs d'enfants, proxénètes).D'autant plus qu'il est impossible de déterminer l'identité de tous les usagers d'internet qui se chiffrent à plus d'un milliard. D'où la prudence est une arme efficace.

7. « Choisissez bien vos identifiants. Que ce soit pour vous ou vos enfants, n'utilisez jamais vos noms ou prénoms comme adresse email, pseudo ou nom d'utilisateur. Essayez de trouver un nom neutre (ni masculin ni féminin, cette protection est surtout pour les filles).

8. Choisissez des mots de passe compliqués. Pas de prénom, de date de naissance mais plutôt un mot que personne ne connaît en essayant d'y mélanger des lettres et des chiffres (exemple: le mot de passe «securite» peut donner 5ecur1te).

9. Incitez vos enfants à être prudents avec les réseaux sociaux. Mettre son profil Facebook en mode privé, ne pas créer un blog trop personnel et si votre enfant utilise Windows Live Messenger (MSN) ou Yahoo! messenger, installez le contrôle parental des nouveaux contacts.

10. Persuadez vos enfants de ne pas accepter de rendez-vous dans le monde réel, transmis par le Web, sans vous en parler au préalable. Cette recommandation évitera à votre enfant de ne pas tomber dans le filet du premier venu dont les intentions ne sont pas forcement louables. En parlant d'un rendez-vous pris sur le web, l'enfant vous permet de le mettre éventuellement à l'abri d'une surprise désagréable.

11. Expliquez à vos enfants que des pédophiles peuvent très bien se faire passer pour des personnes de leur âge, en vue d'obtenir des rendez-vous. En naviguant sur Internet, ce vaste monde aux contours flous et illimités,la prudence doit être le maître-mot. Fort de paroles mielleuses,les pédophiles usent de tous les moyens possibles prêts à se faire passer pour des mineurs dans l'optique d'appâter les vrais mineurs pour des fins totalement nuisibles. D'où,la vigilance et la perspicacité doivent prévaloir quand les enfants naviguent sur Internet. Cette tâche de rappel et d'insistance revient aux parents qui doivent non seulement éduquer les enfants sur ce point mais ils doivent les endoctriner au besoin car il y va de leurs vies.

12. Soyez conscient et expliquez à vos enfants que toute information laissée sur internet devient publique et bien souvent indélébile (Tous les textes et images sont en permanence vus et enregistrés par des milliers de personnes ou d'entreprises) »[15] Cette recommandantion vaut plus pour facebook et les autres réseaux sociaux car on y publie des photos et des textes. Il faut publier des photos décentes ainsi que des textes qui ne pourraient pas prêter à des interprétations.

---

15. http:/www.infobébés.com pages consultées le 2 décembre 2013.

Chapitre III

Plaidoyer pour des mesures de protection de l'enfant sur Internet en RD Congo

Ce troisième chapitre met en évidence des mesures qui peuvent être prises sur le plan juridique, technique et politico-sociales afin d'une part de protéger réellement l'enfant sur Internet, et d'autre part, de permettre l'expansion géographique d'Internet car la fracture numérique en RDC peut aussi inhiber l'accès à l'information en temps réel mais surtout le développement de ce pays –continent.

III.1 Mesures juridiques

III.1.1 A propos de la Loi n°09/001 portant protection de l'enfant

De tous les temps, c'est la loi qui a vocation à protéger les citoyens de toutes les catégories sociales. En l'occurrence, la Loi n°09/001 du 10 janvier 2009 portant protection de l'enfant dispose en son article 1er que «La présente loi détermine les principes fondamentaux relatifs à la protection et à la promotion des droits de l'enfant conformément aux articles 122, point 5,123, point 16 et 149, alinéa 5 de la Constitution».Cependant, cette loi qui comporte 202 articles ne fait nullement allusion dans ses lignes de la protection de l'enfant congolais par rapport aux technologies de l'information et de la communication(TIC) particulièrement sur Internet. Nous pensons à juste titre qu'un amendement de cette loi s'impose urgemment car le développement exponentiel et corrosif de ces TIC dans la vie des enfants devient une évidence irréfutable. Le législateur ne peut pas faire fi de cette réalité indéniable et devrait avec diligence procéder à la refonte de cette loi ô combien importante. Il est possible que cette initiative d'amendement vienne du gouvernement de la république par le Ministère du Genre, Famille et Enfant ou de la Commission socio-culturelle de l'Assemblée nationale. Par ailleurs, nous pensons que le Parlement des enfants devrait se saisir de cette problématique et mener un lobbying pour aboutir à cet amendement inéluctable. L'absence des lois autrement dit ce « désert juridique » fait le lit des cyberpédophiles, des cyberprédateurs et cyberterroristes et autres malfrats opérant allégrement sur Internet.

III.1.2 Que tirer de la Children's Online Privacy Protection Act, dite loi COPPA ?[16]

Adoptée par le Congrès des Etats-Unis en 1998, la Children's Online Privacy Protection Act (COPPA), la loi de protection de la vie privée des enfants sur le net, est mise en œuvre par la Commission fédérale du commerce (FTC). Son principal objectif est de mettre les parents en état de contrôler les informations transmises par leur enfant sur le net. La loi s'applique aux opérateurs de sites commerciaux ou services en ligne qui

16   THORAVAL,Joël et alii,op.cit,p.82

s'adressent aux enfants de moins de 13 ans et collectent des informations personnelles, ainsi qu'à tout opérateur qui collecte des informations en ligne sur les enfants. La loi exige de : - mettre en évidence sur la page de présentation un lien vers la politique de protection (Privacy policy) menée par l'opérateur ainsi qu'un lien vers cette « charte » dès qu'une information personnelle est collectée ; - fournir des informations aux parents sur les pratiques de collecte de données du site et obtenir le consentement des parents avant de collecter des données sur leur enfant ; - donner aux parents l'opportunité de consentir à la collecte et à l'utilisation de l'information sur l'enfant, ainsi que la possibilité de ne pas voir cette information transmise à un tiers ; - donner aux parents la possibilité d'accéder à l'information et de la supprimer, ainsi que de refuser pour l'avenir la collecte d'information sur leur enfant ; - ne pas soumettre la participation d'un enfant à une activité à la délivrance d'informations personnelles qui ne sont pas nécessaires pour cette activité ; - maintenir la sécurité et l'intégrité de l'information collectée. La Commission a rédigé un guide pour expliquer chaque composante de la COPPA et mis en ligne une FAQ ainsi qu'une liste de points de vérifications.

En 2002, la Commission a publié un premier document évaluant la mise en œuvre et le respect de la loi, ainsi que les principales difficultés rencontrées par les opérateurs » (). Ce premier lien vers le site de la Commission et des données sur la COPPA : http://www.ftc.gov/bcp/conline/edcams/coppa/intro.htm Un deuxième lien vers un site consacré à la COPPA expliquée aux enfants : http://www.ftc.gov/bcp/conline/edcams/kidzprivacy/resources.htm

III.2 Mesures techniques

III.2.1 Logiciels de filtrage

Définition : Les logiciels de filtrage permettent le blocage de sites jugés inappropriés et donnent accès aux sites considérés comme visitables. Ils sont généralement conçus pour les mineurs et les enfants afin d'éviter qu'ils aient accès à des sites compromettants notamment les sites ayant trait à la pornographie, au terrorisme, aux jeux d'argent, etc.

III.2.2 Mode opératoire

De prime abord, Il faut bien garder à l'esprit que ces logiciels ne suffisent pas. Ils ne remplacent en aucun cas une supervision de l'utilisation d'internet par un adulte. Vous devez être présent et accompagner votre enfant quand il va sur internet. Malgré tout, ces logiciels pourront vous apporter une aide supplémentaire. Ces deux logiciels sont entièrement gratuits, simples à utiliser et complémentaires.

III.2.3 Quelques exemples de logiciel de filtrage

Naomi(17)

Naomi est capable de filtrer tout ce qui est pornographie, sectes, occultisme, drogues, propagande raciste... Il n'est pas basé sur une liste de sites, mais il tente de reconnaître de manière «intelligente» les images, textes et adresses à bloquer. Il reconnaît plus de 10 langues, dont le français et l'anglais. Il ne se limite pas au filtrage des pages web et filtre la totalité du trafic internet (chat, newsgroups, etc.). Il possède également une option de blocage du P2P (Peer-to-peer). Il est extrêmement simple à utiliser et vous n'avez pas à modifier la configuration de vos logiciels existants. Vous n'avez absolument rien à configurer: Une fois installé, le logiciel s'occupe tout seul du filtrage. La désactivation du logiciel peut être verrouillée par mot de passe. Lorsque Naomi détecte un contenu «incorrect», il ferme le logiciel correspondant (navigateur, logiciel de chat, etc.) Il faut savoir que le logiciel est assez «sensible» et qu'il bloque parfois plus de choses que nécessaire (par précaution). Les auteurs du logiciel vous encouragent à leur signaler un contenu qui est bloqué alors qu'il ne devrait pas l'être. N'hésitez pas à les prévenir pour qu'ils améliorent le logiciel. Ce logiciel nécessite Windows 2000 ou XP (La version Windows 98 est en cours de développement). Il démarre en même temps que Windows, assurant une protection permanente.

LogProtect[18]

LogProtect

---

17. Voir http:/ www.radiance.m6.net
18. Voir http://www.logprotect.net/

LogProtect est complémentaire à Naomi: Il permet d'empêcher à votre enfant de fournir des informations personnelles (nom, adresse, numéros de téléphone, adresse email, nom ou adresse de l'école...) à des inconnus sur internet. C'est vous qui fournissez la liste des informations à bloquer. Log-Protect fonctionne automatiquement avec tous les logiciels (navigateur, chat, etc.) et ne nécessite pas de modification de vos logiciels existants. Quand votre enfant donne une information qu'il ne devrait pas, cette information est immédiatement bloquée et le logi-ciel peut soit afficher un message explicatif (personnalisable), ren-voyer sur une page web, verrouiller la session, déconnecter inter-net ou envoyer un mail (optionnellement avec une capture d'écran). Le logiciel conserve un journal des mots bloqués (avec date, heure, mot bloqué, nom dulogiciel et capture d'écran). LogProtect est verrouillable par mot de passe. Il démarre en même temps que Windows, assurant une protection permanente.Il importe de ne pas oublier que ces logiciels ne sont pas sûrs à 100%, et vous devez accompa-gner votre enfant sur internet.

III.2.4 Mettre en place des cybercafés pour enfants (mineurs et adoles-cents) : projet « NET FOR KIDS »

L'idée que j'avance dans cette partie du travail peut paraitre sau-grenue voire irréaliste mais elle vaut la peine de faire l'objet d'une expé-rimentation. « NET FOR KIDS » traduit en français par « INTERNET POUR ENFANTS » postule que des cybercafés conçus exclusivement pour les en-fants est une idée faisable. Ces cybercafés devront nécessairement avoir des machines dotées des logiciels de filtrage. Ces cybercafés devraient être une analogie des espaces des jeux et d'amusements pour enfants qui pullulent dans la mégapole Kinshasa. Pourquoi pareille idée? L'objectif est de mettre les enfants à l'abri des dangers d'Internet mais de manière assez sûre.

J'estime qu'en RD Congo et dans le monde en général, l'UNESCO ne doit pas être la seule organisation internationale à se préoccuper de cette problématique, l'UICEF et les autres organisations s'occupant du bien être de l'enfance sont appelés à s'impliquer totalement dans cette probléma-tique. La logique voudrait que ces « NET FOR KIDS » soient implantés dans les églises et dans les écoles. Ces 2 lieux sont les milieux de socialisation. L'école étant le milieu par excellence où l'on trouve les enfants et les églises qui regorgent des mouvements des jeunes dans lesquels les enfants et les adolescents occupent une place de choix.

III.2.5 Les téléphones portables(Smartphones), filtrables ou infiltrables ?

L'efflorescence d'Internet s'est étendue jusqu'aux téléphones portables, la grande question est de savoir comment arriver à protéger les enfants sur Internet à travers leurs téléphones portables? Ce n'est pas si compliqué que ça. De prime abord, il y a lieu de noter qu'il existe des Virus de téléphones portables. Un virus de portable ressemble à peu de chose près à un virus d'ordinateur, du fait qu'il est aussi un fichier indésirable exécutable qui s'installe dans un mobile via des dispositifs malveillants impossibles à contrôler par l'utilisateur.

Les virus s'infiltrent dans les téléphones portables par l'intermédiaire de dispositifs, quels que soient les moyens de transfert de données utilisés, moyens dont beaucoup ont été développés récemment. Ceux-ci comportent Bluetooth, les connections USB, les MMS et les téléchargements/connexions Internet.

Certains virus sont spécialement conçus dans le but de viser ces dispositifs, alors que d'autres peuvent être contractés par des PC infectés, une fois que les deux dispositifs sont connectés.

III.2.5.1 Applications malveillantes

Les téléphones portables modernes permettent aux utilisateurs de télécharger une pléthore d'applications - encore appelées applis - qui sont conçues pour en améliorer leur fonctionnalité, mais l'effet inverse peut parfois se produire.

Ceci est dû à la création d'applications malveillantes - des logiciels malveillants en quelque sorte - qui ressemblent à des programmes légitimes et qui sont installés ou téléchargés sur un mobile par des utilisateurs qui ne se doutent de rien.

Certaines de ces applications interceptent des messages et des ordres qui pourraient contenir des informations personnelles, telles que des informations de connexion, que les créateurs du logiciel malveillant peuvent ensuite utiliser.

D'autres s'infiltrent dans le téléphone portable et appellent des numéros ou envoient des messages à coût élevé, une fois téléchargés. Le résultat ? Une facture de téléphone exorbitante pour l'utilisateur à la fin du mois, car ces SMS sont envoyés à son insu.

Certaines applications malveillantes ont même été utilisées pour obtenir les coordonnées GPS d'utilisateurs de portables, pour les télécharger ensuite sur un serveur distant.

III.2.5.2 Comment protéger son téléphone portable

Il existe plusieurs moyens de sécuriser votre téléphone portable en ligne. Premièrement, repérez les connexions que comporte votre mobile. Si vous avez une connexion Bluetooth, pensez à la débrancher lorsque vous ne l'utilisez pas ou quand vous voulez mettre votre mobile à l'abri des regards indiscrets.

Consultez les mises à jour des systèmes de sécurité régulièrement. Elles vous informeront sur les fichiers dont il faut se méfier. Informez-vous auprès des professionnels de la sécurité comme Trend Micro™ sur les menaces potentielles et la façon de télécharger des logiciels spécifiques à la protection des téléphones portables.

L'installation de ce programme est sans doute le meilleur moyen de protéger votre Smartphone, d'autant plus que vous pouvez l'utiliser également sur tablettes et autres appareils portables.

En effet, de nombreux concepteurs de logiciels reconnaissent la menace que posent les virus sur les téléphones portables et ont donc développé des programmes spécialement conçus pour détecter et se débarrasser des logiciels malveillants. De nombreuses options sont à votre disposition, alors choisissez un logiciel de protection qui correspond vraiment à vos besoins et qui sera compatible avec les critères de votre système téléphonique.

III.3 Mesures politico-sociales

III.3.1 Création des Ministères provinciaux des TIC en RD Congo

Depuis 2007, à la faveur de la nouvelle constitution du 18 février 2005, les provinces de la RDCONGO ont été renforcées de certains pouvoirs dont la mise en place des gouvernements provinciaux. En effet, le constat général qui se dégage à travers tous les gouvernements provinciaux, c'est qu'il n'existe nullement un ministère dédié exclusivement aux Technologies de l'Information et de la Communication(TIC).Je considère sans ambages, cette situation, comme un contresens. Il est impérieux d'y remédier. C'est une question de volonté politique au niveau de nos chefs des exécutifs provinciaux, les Gouverneurs des provinces. Certes, il existe un Ministère des Postes, et Télécommunications-Nouvelles Technologies de l'information et de la Communication, en sigle PT-NTIC, néanmoins, nous pensons que des ministères provinciaux des TIC seront un atout. Il est question d'appliquer le même raisonnement, mutatis mutandis, pour la création des ministères provinciaux des Finances, de l'Intérieur, de la Culture, de l'Economie, etc. Pourtant ces ministères ont aussi des ministères nationaux. A mon avis, deux défis devraient être relevés par les ministères provinciaux des TIC : la réduction de la fracture numérique et la lutte contre la cybercriminalité. La fracture numérique est un concept renvoyant à l'inégalité de l'accès aux TIC entre les populations. A titre D'exemple, de manière empirique, on peut affirmer avec les réserves d'usage, pour la ville de Kinshasa, Il apparait évident que la commune de Limete compte beaucoup plus de cybercafés que la commune de Kimbaseke. Le virtuel ministère provincial des TIC de Kinshasa, se pencherait à impulser une politique de « péréquation numérique » (19) avec des cybercafés publics qui devront être érigés avec l'appui des maisons communales sous l'impulsion du ministère provincial des TIC. Le défi de la réduction de fracture numérique est corrélatif à un des objectifs du millénaire.

En guise de rappel, il importe de noter que « ces objectifs sont un ambitieux agenda pour remettre sur des meilleurs rails les politiques et pratiques de développement socio-économique de toutes les populations du monde et visent par conséquent à éliminer ou du moins réduire sensiblement la pauvreté, ses conséquences et manifestations. Adoptés unanimement par 191 Etats membres de l'ONU lors de la 55ème Session de son Assemblée générale le 8 septembre 2000, les objectifs en question devraient connaître leur pleine réalisation sur une période de 15 ans qui s'achève d'ici 2015.Il sied de souligner qu'en pratique on est bien loin d'atteindre ces objectifs à la période fixée »[20]. Voici énumérés ces 8 objectifs () :1) Réduire l'extrême pauvreté et la faim,2) Assurer l'éducation primaire pour tous, 3)Promouvoir l'égalité et l'autonomisation des femmes ,4)Réduire la mortalité infantile,5)Améliorer la santé maternelle,6)Combattre le VIH/sida, le paludisme et d'autres maladies,7) Assurer un environnement durable,8) Mettre en place un partenariat mondial pour le développement :(....) mettre les avantages des nouvelles des nouvelles technologies de l'information et de la communication, à la portée de tous. Ce dernier objectif implique que chaque pays développe des stratégies pour y répondre valablement. Nous osons croire que notre proposition vaut son pesant d'or et que mise en application , il pourrait avoir une positive incidence. Le second défi est inhérent à la lutte contre la cybercriminalité comprise comme l'ensemble de crimes commis sur Internet et sur les TIC. Il va sans dire que la RDC, par ailleurs, connectée à Internet, est aussi touchée par ce phénomène. De manière particulière, les escroqueries sur Internet font rage parmi les internautes congolais, des victimes se comptent par centaines voire par milliers. Il est urgent d'agir mais de manière coordonnée et systématique. Nous pensons à juste titre que les ministères provinciaux des TIC plus proches des citoyens pourraient prendre à bras-le-corps ces problématiques importantes.

---

19   Il est question de mettre en place une politique permettant de veiller que les cybercafés installés par l'Etat dans les communes respectent une certaine équité afin d'éviter la fracture numérique tant redoutée. Lire aussi ENGENDJO Ekoto , La situation de l'Internet à Kinshasa. Question de fracture numérique, FCK., FCS ., 2004, 77p.

20. P.KOUEVI Louis, Les mots de notre engagement. Réponses à 100 questions de société, Kinshasa,Afriquespoir, p.53.

III.3.2 L'OTIC, pilier important

Dans une démocratie, il est fréquent que l'Etat et la société civile travaillent en synergie dans la lutte contre les maux qui rongent cette société. Au terme de mon travail de mémoire de Licence intitulé La société de l'information à l'épreuve de la cybercriminalité en RDC. Enjeux et Perspectives, la proposition-clé que j'avais faite dans ce mémoire était la mise en place d'un Observatoire des Technologies de l'information et de la cybercriminalité(OTIC). Dans mon entendement, cette structure qui doit avoir le statut d'ONG devrait s'occuper de la lutte contre la cybercriminalité. Bien entendu, un accent particulier sera mis sur la sensibilisation de la société sur l'évolution des TIC et spécifiquement sur les méfaits d'Internet. Comme missions essentielles, l'observatoire devrait entre autres :

- faire la recension d'actes cybercriminels commis en RDCongo ;
- dégager les grandes tendances de ces actes cybercriminels ;
- sensibiliser les enfants, adultes et autres internautes des dangers de la cybercriminalité à travers les mass-médias ;
- organiser une conférence tous les deux ans réunissant les experts, les entreprises, les universitaires en vue de faire l'état de lieux des TIC et de la cybercriminalité, débattre et cogiter sur les innovations, etc.

En définitive, le ministère provincial des TIC que j'appelle de tous mes vœux est voué à travailler en étroite collaboration avec l'OTIC.

III.3.3 A propos de la campagne « Sur Internet, sois prudent ! »

La sensibilisation étant un levier important pour l'OTIC, j'ai conçu la campagne « Sur Internet, sois prudent » afin de tirer la sonnette d'alarme sur le fait qu'Internet requiert une prudence accrue car toute naïveté est fatale. Cette campagne a comme cible prioritaire les enfants, en les considérant comme vulnérables -cela se comprend- mais aussi tous ceux qui accompagnent les enfants au jour le jour, je vois les parents, les enseignants et les encadreurs sociaux. C'est pourquoi l'idée était de faire la ronde de quelques écoles choisies sur base de leur positionnement géographique. Dès lors, il appert que la matérialisation d'une telle campagne nécessite indéniablement des moyens conséquents : financiers, matériels et humains. Il va sans dire que l'OTIC à lui seul ne peut pas réunir tous les moyens requis pour la réalisation réussie de cette campagne. L'apport des partenaires et sponsors s'avère inéluctable. J'ose croire que ce vœu sera exaucé. Parlant des moyens conséquents, j'aimerais évoquer l'exemple de la campagne britannique.

III.3.4 La campagne de sensibilisation du Home office (le ministère de l'Intérieur)[21]

Depuis 2001, le Home office a lancé une série de campagnes de prévention pour un budget de 3,5 millions de livres afin, d'une part, de sensibiliser parents et enfants aux dangers de l'Internet, en particulier le risque de rencontre avec un pédophile, et d'autre part, de leur donner des conseils pertinents en matière de sécurité. Bien que travaillant sur un sujet aussi délicat que la pédophilie, les concepteurs de cette campagne ont eu le souci de ne pas donner une image trop négative de l'Internet.

La première phase de la campagne ciblait les jeunes de 14 à 16 ans qui, selon une étude américaine sont les plus grands utilisateurs de « chatrooms », le Home office considérant les adolescents de cette classe d'âge comme particulièrement vulnérables car sensibles au regard des autres, impliqués dans des rapports de séduction et prenant facilement des rendez-vous extérieurs sans leurs parents.

En amont de la campagne, le Home office a constaté que la plupart des parents étaient relativement inconscients des dangers présents sur l'Internet. Néanmoins, ils avaient, avant la campagne de communication conscience que leurs enfants en savaient davantage qu'eux et leur faisaient confiance sur ce point. D'une manière générale, les parents déclaraient se sentir impuissants face au risque de pédophilie sur Internet, ne sachant pas comment aider leurs enfants à s'en protéger. De leur côté, les jeunes se sentent très à l'aise sur Internet, média faisant partie de leur quotidien, jusqu'à devenir « leur monde à eux », qu'ils connaissent et maîtrisent. Apparemment, certains jeunes s'amuseraient même à provoquer les rencontres avec les pédophiles. Il est apparu important pour les concepteurs de la campagne de trouver le ton juste pour toucher les jeunes, qui ne soit pas trop institutionnel, ni moralisateur. L'équipe qui a travaillé à l'élaboration de la campagne a essayé de comprendre le comportement des pédophiles en rencontrant des psychologues dans un centre spécialisé.

Ces derniers leur ont expliqué les techniques utilisées sur Internet par les pédophiles qui adoptent notamment le langage des jeunes pour mieux les approcher. C'est pourquoi la campagne a centré son message sur le fait que les gens que l'on trouve sur Internet ne sont pas toujours ceux que l'on croit. La campagne en direction des adolescents a été déclinée sur plusieurs supports : spots diffusés à la radio, à la télévision et au cinéma, campagne presse, cartes, messages « online » et un site Internet spécifique (www.thinkuknow.co.uk).

Celle destinée aux parents s'est appuyée sur la presse, une brochure

---

21   THORAVAL,Joël et alii,op.cit.,p.87.

d'information et une page web (www.wiseuptothenet.co.uk). Suite à la première phase de la campagne (décembre 2001-février 2002), 52% des enfants et 44% des parents ont été touchés par les mesures de sensibilisation. Le Home Office note qu'il n'y a pas eu globalement d'altération de l'image de l'Internet.

La seconde phase s'est déroulée de janvier à mars 2003. Les spots radio ciblaient indifféremment les parents et les enfants. Suite à la campagne, 63% des enfants et 49% des parents ont déclaré avoir été touchés. Enfin, la dernière phase (mars et septembre 2004) a ciblé plus particulièrement les 12-14 ans, donnant des conseils spécifiques pour se protéger des pédophiles. Par ailleurs, le Home Office a constaté une baisse significative des usages « peu sûrs » entrepris par les 9-14 ans sur Internet (de 21 à 13%). L'équipe qui a travaillé sur la campagne a constaté que le cinéma avait été un média efficace en matière de prévention. Parallèlement, certaines « combinaisons » de supports médias font également preuve d'une grande efficacité auprès des jeunes, en particulier la radio et Internet, car les jeunes l'écoutent souvent pendant qu'ils surfent. Les concepteurs de la campagne reconnaissent que les adolescents sont indépendants de plus en plus tôt et s'exposent ainsi au risque de faire de mauvaises rencontres plus jeunes. Cependant, il est important de différencier les approches créatives au regard des différentes classes d'âge, notamment pour les enfants de moins de 12 ans. Par ailleurs, il est apparu nécessaire d'impliquer les établissements scolaires dans ce type de campagne de prévention.

Conclusion générale

Le fil d'Ariane de cet ouvrage est l'utilisation responsable d'Internet par la triade :Parents-Enseignants-Elèves. Au cœur de cette triade se trouve l'enfant dans la mesure où il est aussi au centre de tout processus éducationnel. Cependant seul,il ne peut rien car il doit être orienté dans son utilisation d'Internet. A la maison l'implication des parents s'avère importante étant donné que c'est eux qui mettent directement ou indirectement à la disposition de l'enfant cet outil. A l'école, second milieu de socialisation après la maison,l'enfant est censé être pris en charge par l'enseignant,ceci implique que cet enseignant doit être outillé de quelques notions précieuses susceptibles de lui permettre d'encadrer convenablement l'enfant à l'école afin d'éviter des dérapages souvent constatés dans le chef de l'enfant. En effet, en dehors de ces deux milieux de socialisation précités à savoir la maison et l'école, il va sans dire que les églises doivent aussi s'impliquer car elles constituent le troisième milieu de socialisation. l'Etat est un acteur majeur dans la régulation d'Internet, c'est pourquoi il était de bon ton d'interpeller aussi le pouvoir public afin que ce dernier accomplisse aussi le devoir qui est le sien. En tout état de cause,la question d'Internet n'est pas une question aisée à aborder,tant les acteurs sont multiples,l'envergure de cet outil est internationale, les utilisateurs capables d'utiliser des pseudo identités,la reflexion est rendue escarpée. Néanmoins dans cette terra incognita, nous avons le mérite d'avoir tenté enoncer quelques astuces aux cibles de cet ouvrage afin de les aider à mieux apprivoiser cette pieuvre géante qui étend ses tentacules dans le monde entier. J'ai fait un plaidoyer pertinent :

- J'ai plaidé pour que l'Internet n'avilisse ni n'abroutisse les enfants ;
- J'ai plaidé pour une vigilance tous azimuts et plus accrue des parents pendant que leurs enfants se jettent souvent à corps perdu et béatement dans cette marre pleine de prédateurs impénitents et pédophiles insatiables.
- J'ai plaidé pour que sur le plan juridique, la Loi supposée protéger les enfants dans notre pays, soit revisitée afin que soit intégrée l'aspect Internet ;
- J'ai plaidé pour qu'un soutien soit accordé à l'OTIC afin qu'il réussisse les missions nobles et légitimes qu'il s'est assigneés. Telles ont été les grandes lignes de mon plaidoyer, toutefois il ne résume pas toute la problématique en lien avec Internet.J'ai préféré aborder un angle particulier dans le souci de faire bouger les lignes en faveur des enfants, des parents et des enseignants. Un autre apport dans cette lutte pour un Internet plus sûr devrait venir des organisation internationales.A cet effet,je tiens à saluer le travail louable que l'UIT(Union Internationale des Télécommunications) abat dans la sensibilisation aux dangers d'Internet.Dans le même ordre d'idées, l'Unesco et l'Unicef et beaucoup d'autres organisations internatio-

nales sont aussi impliquées dans cette problématique. Nous pensons à juste titre que des actions synergiques avec le Gouvernement congolais devront être menées à cette fin. Certes la RDCongo souffre de la fracture numérique, cependant l'avènement de la fibre optique sera le catalyseur du boom de l'Internet. Il va sans dire que l'accès rapide et massif à Internet occasionnera à coup sûr une flambée des usages malveillants. D'où, la nécessité de veiller et d'anticiper les événements au lieu de les subir. Ensemble tout sera possible, ensemble l'Internet sera plus sûr et de moins en moins dangereux. Tel est mon vœu le plus ardent.

Annexes

Annexe 1

Protection des enfants en ligne (COP) Lignes directrices

Les problèmes mondiaux de plus en plus autour de la sécurité en ligne et de la cybersécurité nécessitent une réponse globale, en particulier quand il s'agit de la protection de nos plus jeunes et les plus vulnérables des citoyens numériques: nos enfants. Enfant détaillée en ligne sur la protection Directives 5 ont été préparés par l'UIT en collaboration avec les partenaires de la Conférence des Parties en vue d'établir les bases nécessaires à un cybermonde sûr et plus sécuritaire pour les générations futures. Les lignes directrices sont destinées à être adapté et adopté par tous les différents groupes de parties prenantes. À ce jour, quatre ensembles de lignes directrices ont été élaborées pour les groupes d'intervenants suivants:

Enfants

Les parents, les tuteurs et les éducateurs

Industrie

Décideurs

Avec ces lignes directrices, l'initiative de la CdP invite toutes les parties prenantes à promouvoir l'adoption de politiques et de stratégies visant à protéger les enfants dans le cyberespace. Les lignes directrices sont disponibles dans les six langues de l'ONU (anglais, français, arabe, espagnol, chinois et russe).

Lignes directrices pour les enfants

Comme les enfants et les jeunes doivent être conscients de certains des aspects potentiellement négatifs des technologies qu'ils utilisent, les directives recommandent les sur les activités néfastes possibles en ligne, comme l'intimidation et le harcèlement, le vol d'identité ainsi que les abus en ligne. Cela comprend des conseils pour les enfants voient et connaissent contenus illicites et préjudiciables en ligne, ou les jeunes étant exposés à de toilettage à des fins sexuelles, la production, la distribution et la collecte de matériel pédopornographique. Les lignes directrices indiquent que l'autonomisation des enfants et des jeunes par l'éducation et la sensibilisation est d'une importance primordiale. Ainsi, les lignes directrices pour les enfants sont répartis par groupe d'âge et donc pour les enfants âgés de 5-7, la responsabilité en incombe aux adultes de veiller à leur utilisation des TIC. Pour les enfants âgés de 8-12, la mise au point des lignes directrices sur l'utilisation des thèmes appropriés de bavarder en ligne et la nétiquette (être gentil et poli tout en communiquant avec les autres), jouer à des jeux en ligne, de réagir à l'intimidation, protection des données personnelles et l'identité, et réagir au contenu offensant ou illégal. Alors que pour les enfants âgés de plus de 13 la mise au point de la direction est plus caractérisé par la maîtrise des TIC, la curiosité et l'indépendance en ligne.

Lignes directrices pour les parents, les tuteurs et les éducateurs

La recherche montre que de plus en plus d'enfants se connectent à Internet via les consoles de jeux et les appareils mobiles, mais beaucoup d'adultes ne savent même pas que ces activités comprennent la connectivité internet. Les lignes directrices pour les parents, les tuteurs et les éducateurs mettent en avant la recommandation sur ce qu'ils peuvent faire pour rendre l'expérience en ligne de leur enfant une expérience positive. Le rôle joué par les parents et les tuteurs dans ce contexte comprend la discussion et éducation de l'enfant la sécurité sur Internet, la vérification de la pertinence des sites, être impliqué dans l'activité Internet de l'enfant, et en étant conscient de différents comportements de l'enfant lorsqu'ils sont en ligne. Les lignes directrices recommandent aussi que les parents doivent se renseigner sur la culture en ligne afin de mener à bien leur rôle. Le rôle des éducateurs comprend l'enseignement des enfants, l'établissement de règles et de fournir un environnement sécuritaire à l'endroit de l'éducation.

Lignes directrices pour l'industrie

Les lignes directrices pour l'industrie présentent un certain nombre d'études de cas où les domaines clés à prendre en considération pour les différents segments de l'industrie sont proposés. Cela inclut les responsabilités spécifiques qui pourraient être mises en oeuvre par le secteur des TIC dans son ensemble, les radiodiffuseurs, de l'industrie de l'Internet, les fournisseurs de services Internet (FSI), et les opérateurs mobiles. Les domaines clés de l'industrie des TIC coordination de couverture, la coopération, l'interopérabilité et les codes de conduite par secteur, alors que ceux identifiés pour les diffuseurs comprennent les règles de traitement des plaintes, des normes et des procédures communes de consentement parental. Dans le même esprit, les domaines d'intervention clés pour l'industrie et les FAI Internet comprennent restreindre l'accès à des contenus préjudiciables ou illicites, doter les enfants et les parents avec des informations et outils faciles à utiliser, en utilisant un langage clair et pertinent en ce qui concerne les services et les modalités et conditions, de répondre à et le signalement des contenus contrevenant, et l'évaluation des technologies qui permettent d'identifier et de vérifier l'âge des clients. La liste des directives zones que les opérateurs mobiles devraient envisager comme suit: s'assurer que le contenu est classé en ligne avec les attentes nationales, en fournissant des outils qui permettent d'accéder au contenu d'être contrôlé par l'utilisateur ou un parent / tuteur, balisent clairement la nature des contenus et services offerts permettant aux utilisateurs sont habilités à prendre des décisions éclairées, soutenir les parents et éduquer les consommateurs, avoir une position claire sur l'utilisation abusive des services pour stocker ou partager contenu enfant de la violence sexuelle, et le soutien application de la loi dans l'exercice de son travail.

Lignes directrices pour les décideurs

Afin d'élaborer une stratégie nationale axée sur la sécurité des enfants en ligne, les décideurs politiques doivent prendre en compte un éventail de stratégies. Les domaines clés à prendre en considération par les décideurs politiques comprennent: l'établissement d'un cadre juridique, le développement des capacités d'application de la loi nécessaires, mettre en place les ressources appropriées et des mécanismes de déclaration, ainsi que de fournir des ressources éducatives et de sensibilisation. Pour aider les pays à concentrer leurs ressources limitées sur les activités qui fournissent pays avec le maximum d'avantages quand il s'agit de la protection des enfants en ligne, les lignes directrices pour les décideurs politiques fournissent également une liste nationale. Il est à espérer que la liste nationale avec une liste de domaines clés pour examen aidera à planifier les différents pays pour d'autres mesures à prendre à court, moyen et long terme, et de décider des activités prioritaires.

Dans tous les quatre groupes d'intervenants, les directives élaborées résoudre les problèmes qui pourraient affecter les enfants et les jeunes de moins de 18 ans, cependant, chaque groupe d'âge ont des besoins spécifiques.

Les lignes directrices ont été élaborées dans un esprit de collaboration avec des auteurs de grandes institutions actives dans le secteur des TIC et dans la sécurité des enfants en ligne. Les documents d'orientation de la CdP fournissent un cadre largement applicable qui peut être utile pour la plupart des pays.

L'ensemble de lignes directrices sur la protection des enfants en ligne peut être téléchargé à partir du site Web de l'UIT à l'adresse: www.itu.int/cybersecurity/gca/cop/guidelines/

Annexe 2

Un autre exemple de logiciel de filtrage

Mise en garde

Mindscape CONTROLE PARENTAL permet à toute votre famille de profiter de la richesse des contenus qu'offre l'Internet, tout en la préservant de ceux que vous jugez inappropriés. Sa technologie "intelligente" est capable de bloquer l'accès à ces contenus, en activant de manière transparente et sans ralentir votre navigation, plus de 800 filtres.

Mindscape a choisi le système PureSight® pour son efficacité. Cependant, aucun logiciel de contrôle parental ne peut se prévaloir d'être infaillible à 100%.

Aussi, n'oubliez pas que LA MEILLEURE PROTECTION POUR VOS ENFANTS, C'EST VOUS !

Annexe 3

8 conseils aux parents

1. Parlez avec votre enfant de ses activités sur la Toile

   Dialoguez avec lui sur ses centres d'intérêt et les vôtres, créez un partage familial autour des usages de l'Internet.

2. Activez le logiciel de contrôle parental de votre fournisseur d'accès à Internet sur chaque ordinateur de la maison.

   Il est gratuit et régulièrement évalué par des experts indépendants. Retrouvez les derniers résultats des tests d'évaluation du logiciel de contrôle parental sur :http://www.travail-solidarite.gouv.fr/IMG/pdf/CP3eEvaluation.pdf

3. Ne laissez pas les jeunes enfants seuls sur Internet

   Chaque usage (navigation web, messagerie instantanée, forum...) présente des risques spécifiques. Un prédateur est susceptible de se dissimuler de l'autre côté de l'écran. Attention aux mauvaises rencontres, à la pornographie violente.

4. Vérifiez que le jeu vidéo ou en ligne est adapté à l'âge de l'enfant ou de l'adolescent

   Grâce au pictogramme identifiant sur le boîtier du jeu l'âge minimum d'utilisation.

   Exemple : PEGI, +12 : jeux pour les plus de 12 ans.

5. Limitez le temps consacré aux écrans

   Adoptez une heure limite au-delà de laquelle il faut éteindre les écrans pour se reposer ou pratiquer une autre activité.

6. Limitez le nombre d'écrans individuels à la maison

   Télévisions, ordinateurs, téléphones portables, consoles de jeux...

   La multiplication des écrans nuit aux échanges familiaux.

7. Consultez les pages d'information sur les risques présents sur le Net

   Dans les rubriques « protection de l'enfant » sur le site portail de votre fournisseur d'accès à l'Internet, sur les sites

   http://www.travail-solidarite.gouv.fr/IMG/pdf/CP3eEvaluation.pdf

et www.internetsanscrainte.fr.

8. Signalez les images et propos pédopornographiques.

Sur le site public http://internet-signalement.gouv.fr géré par les services de police ; par ailleurs, signalez à votre fournisseur d'accès à Internet, dans le cas où la fonctionnalité est offerte, tout site non approprié aux enfants ou adolescents qui ne seraient pas filtré.

Annexe 4

Lettre circulaire UIT

UNION INTERNATIONALE DES TELECOMMUNICATIONS
Secrétariat général

TELEFAX

Place des Nations	**Téléphone** +41 22 730 51 11
CH-1211 Genève 20	**Téléfax** Gr3: +41 22 733 72 56
Suisse	Gr4: +41 22 730 65 00

Date: 17.02.2009   **Heure:** 16:45   **Page** 1/3   **Réf:** Lettre circulaire /SPM/EACC/129

Aux: Etats Membres et Membres des Secteurs de l'UIT   **Fax:**

Contact: A. Sebgarshad   **Pour répondre:**   **Courriel:** pressinfo@itu.int

Fax: +41 22 730 5933   **Tél: +41 22 730 6302**

Objet: Journée mondiale des télécommunications et de la société de l'information 2009

Madame, Monsieur,

Le 17 mai est la date anniversaire de la signature, en 1865, de la première Convention télégraphique internationale et de la création de l'Union internationale des télécommunications. Depuis 1973, cette date est aussi celle de la Journée mondiale des télécommunications. Après le Sommet mondial sur la société de l'information (SMSI) tenu en 2005 et la Conférence de plénipotentiaires de l'UIT de 2006, le 17 mai a été désigné Journée mondiale des télécommunications et de la société de l'information.

En tant que principale institution des Nations Unies dans le domaine des TIC, l'UIT attend de ses membres qu'ils fassent mieux connaître le rôle des TIC dans la lutte contre la pauvreté et la création de possibilités de développement durable et à long terme, en particulier parmi les groupes sociaux les plus vulnérables. Cette année, pour célébrer la Journée mondiale des télécommunications et de la société de l'information, le Conseil de l'UIT a choisi le thème: "**La protection des enfants dans le cyberespace**".

Au SMSI, l'UIT s'est vu confier par les dirigeants de la communauté internationale la responsabilité de la grande orientation C5 ("Etablir la confiance et la sécurité dans l'utilisation des TIC"). Les documents du SMSI reconnaissent en outre spécifiquement les besoins des enfants et des jeunes et la nécessité de les protéger dans le cyberespace. L'Engagement de Tunis reconnaît "le rôle des technologies de l'information et de la communication (TIC) dans la protection et le développement des enfants" ainsi que la nécessité "de renforcer les mesures destinées à protéger les enfants contre tout abus et à assurer la défense de leurs droits dans le contexte des TIC".

L'Initiative de l'UIT pour la protection en ligne des enfants (COP) est conforme au mandat de l'Union visant à créer les conditions nécessaires à l'instauration d'un univers en ligne sûr et sans danger pour les générations futures. La nécessité d'une telle initiative ne fait aucun doute. Il y a dix ans, on comptait dans le monde à peine 182 millions d'internautes, dont presque tous vivaient dans les pays développés. Au début 2009, ce nombre était passé à 1,5 milliard, dont plus de 400 millions ont accès au large bande. Avec plus de 600 millions d'utilisateurs en Asie, 130 millions en Amérique latine et dans les Caraïbes, et 50 millions en Afrique, l'Internet est une ressource planétaire qui ne cesse de se développer – ce qui accroît considérablement les dangers en ligne, en particulier ceux auxquels sont exposés les enfants. Selon des enquêtes récentes, plus de 60% des enfants et des adolescents discutent chaque jour sur l'Internet sur des sites de "chat". Trois enfants sur quatre en ligne se disent prêts à échanger des informations personnelles sur eux-mêmes et sur leur famille en échange de biens et de services. Et un enfant sur cinq sera chaque année la proie d'un prédateur ou d'un pédophile.

L'Initiative COP – qui fait partie intégrante du Programme mondial cybersécurité de l'UIT – a été présentée au Segment de haut niveau du Conseil de l'UIT à sa session de 2008, et a été à cette occasion approuvée par des chefs d'Etat, des ministres et des dirigeants d'organisations internationales du monde entier.

Le thème de la Journée mondiale des télécommunications et de la société de l'information cette année a pour objet de faire en sorte que les enfants puissent avoir accès en toute sécurité à l'Internet et à ses ressources considérables, sans craindre de tomber entre les mains de prédateurs dénués de scrupules dans le cyberespace.

Journée mondiale des télécommunications et de la société de l'information 2009: Appel à l'action

Cette année, à l'occasion de la Journée mondiale des télécommunications et de la société de l'information, l'UIT appelle toutes les parties prenantes (décideurs, régulateurs, opérateurs et entreprises) à promouvoir l'adoption de politiques et de stratégies qui protégeront les enfants dans le cyberespace et les encourageront à avoir accès en toute sécurité aux ressources en ligne. Une telle démarche, favorable à l'édification d'une société de l'information plus inclusive, permettra aussi aux Etats Membres de satisfaire aux obligations souscrites pour protéger et concrétiser les droits des enfants tels qu'ils sont énoncés dans la Convention des Nations Unies sur les droits de l'enfant, adoptée par l'Assemblée générale des Nations Unies aux termes de sa Résolution 44/25 du 20 novembre 1989.

Entre autres, cette Convention, qui est entrée en vigueur le 2 septembre 1990, dispose que "les Etats s'engagent à prendre toutes les mesures nécessaires à ce titre:

1) reconnaissent l'importance de la fonction remplie par les médias et veillent à ce que l'enfant ait accès à une information et à des matériels provenant de sources nationales et internationales diverses;

2) reconnaissent le droit de l'enfant à l'éducation;

3) reconnaissent à l'enfant le droit au repos et aux loisirs, de se livrer aux jeux et à des activités récréatives propres à son âge, et de participer librement à la vie culturelle et artistique;

4) reconnaissent le droit de l'enfant d'être protégé contre l'exploitation économique;

5) protègent l'enfant contre toutes autres formes d'exploitation préjudiciables à tout aspect de son bien-être, y compris:

    a) lorsque des enfants sont incités ou contraints à se livrer à une activité sexuelle illégale;

    b) lorsque des enfants sont exploités à des fins de prostitution ou autres pratiques sexuelles illégales;

    c) lorsque des enfants sont exploités aux fins de la production de spectacles ou de matériels de caractère pornographique;

6) prennent toutes les mesures appropriées pour protéger les enfants contre l'usage illicite de stupéfiants et de substances psychotropes.

Afin de faire face aux enjeux de la protection des enfants dans le cyberespace, l'UIT appelle ses Etats Membres à:

- **Sensibiliser le public aux questions relatives à la protection des enfants** dans le cyberespace et à déterminer les politiques, bonnes pratiques, moyens et ressources pouvant être adaptés/utilisés dans les différents pays.

  Appel à l'action: Les Etats Membres et les Membres des Secteurs de l'UIT sont encouragés à participer activement aux manifestations de l'UIT visant à renforcer la cybersécurité et à protéger les enfants dans le cyberespace et, si possible, à détacher des experts et à fournir des ressources afin d'échanger des expériences et des bonnes pratiques pour intégrer la cybersécurité dans leurs politiques, lois et réglementations.

- **Appuyer les travaux en cours** visant à élaborer des lignes directrices sur la protection en ligne des enfants pour les décideurs et les régulateurs.

  Appel à l'action: Les Etats Membres et les Membres des Secteurs de l'UIT sont encouragés à participer activement aux manifestations de l'UIT, en particulier à soutenir le Programme mondial cybersécurité et l'Initiative COP mis en place par l'UIT.

- **Identifier les risques et les dangers auxquels les enfants sont exposés dans le cyberespace,** à mesure que l'Internet et d'autres ressources en ligne continuent à se développer.

  Appel à l'action: Les Etats Membres et les Membres des Secteurs de l'UIT sont encouragés à s'associer à l'UIT, à échanger des expériences, à détacher des experts et à fournir des ressources en vue d'élaborer des moyens concrets qui contribuent à éviter autant que possible d'exposer les enfants à certains risques.

- **Constituer des répertoires de ressources pour une utilisation commune.**

  Appel à l'action: Les Etats Membres et les Membres des Secteurs de l'UIT sont encouragés à échanger des connaissances et expériences, tout en facilitant la conclusion de partenariats stratégiques internationaux pour définir et mettre en oeuvre des initiatives concrètes de protection en ligne des enfants.

- **Promouvoir le renforcement des capacités** en vue de renforcer les mesures prises sur le plan mondial pour protéger les enfants dans le cyberespace.

  Appel à l'action: Il est demandé aux Etats Membres et aux Membres des Secteurs de l'UIT d'acquérir un savoir-faire et d'élaborer des mécanismes d'alerte pour faire face aux menaces auxquelles sont de plus en plus exposés les enfants lorsqu'ils naviguent sur l'Internet et ont accès à des informations en ligne.

Nous vous invitons à envisager d'organiser des programmes dans votre pays pour célébrer la Journée mondiale des télécommunications et de la société de l'information 2009, dont le thème est "La protection des enfants dans le cyberespace". Il serait souhaitable de faire participer toutes les catégories de la société pour sensibiliser l'opinion et parvenir à un consensus sur le sujet. Nous vous serions reconnaissants de bien vouloir nous envoyer par courriel à l'adresse cop@itu.int tout rapport ou document de travail qui sera ensuite affiché sur le site web de l'UIT consacré à la Journée mondiale des télécommunications et de la société de l'information.

Le thème retenu cette année pour la Journée mondiale des télécommunications et de la société de l'information – "La protection des enfants dans le cyberespace" – influencera nos travaux, non seulement durant cette journée, mais aussi tout au long de l'année et au cours des années à venir. A Genève, cet événement sera marqué par la tenue d'une cérémonie de haut niveau, au cours de laquelle le Prix de la Journée mondiale des télécommunications et de la société de l'information sera remis à d'éminentes personnalités ayant contribué à la protection des enfants dans le cyberespace. Des tables rondes sur les moyens de promouvoir et de protéger les droits des enfants dans le cyberespace seront organisées, ainsi qu'une série d'événements visant à faire le point de la mise en oeuvre des objectifs du SMSI.

L'UIT affichera tous les documents promotionnels en rapport avec cette journée sur le site web: www.itu.int/WTISD/2009. Ces informations et documents vous aideront à organiser des activités et événements le 17 mai. Vous trouverez, entre autres, des messages du Secrétaire général de l'Organisation des Nations Unies, M. Ban Ki-moon, et de moi-même, ainsi que des fichiers haute résolution d'une affiche en arabe, chinois, anglais, français, russe et espagnol, que vous êtes invités à reproduire sur place. Une affiche sans texte sera également mise à disposition pour pouvoir être utilisée dans d'autres langues. Si vous souhaitez en recevoir un exemplaire sur CD ROM, veuillez en faire la demande à pressinfo@itu.int en indiquant l'adresse postale complète du destinataire et son nom.

A l'occasion de la Journée mondiale des télécommunications et de la société de l'information, prenons la résolution de protéger les enfants dans le cyberespace et de promouvoir leurs droits inaliénables d'accès à l'information et au savoir dans un environnement sûr et sans danger.

Je vous souhaite une Journée mondiale des télécommunications et de la société de l'information 2009 très réussie.

Veuillez agréer, Madame, Monsieur, l'assurance de ma considération distinguée.

(signé)

Dr Hamadoun I. Touré
Secrétaire général

Bibliographie sélective

Sont également mentionnés les ressources documentaires non explicitement cités dans le corps du texte.

Ouvrages

ABRAM Carolyn, FITTON Laura , GRUEN Michael E et POSTON Leslie , *Les réseaux sociaux pour les nuls : Facebook & Twitter* (27 septembre 2012)

AZAM Julien ,*Facebook, anatomie d'une chimère* (24 janvier 2013)

ALLARD C.ASSOUS Séverine, *Votre enfant et le téléphone portable : guide à l'usage des parents*, Paris, AFOM /Autrement,2007.

BREDA I. et HOURT C., *Les bons usages d'Internet*. Paris : Librio, 2007.

CHICANOT-ROUSSET G., PERALDI O., THORAVAL, J., *Protection de l'enfant et usages de l'Internet, Conférence de la famille 2005, Rapport préparatoire à la conférence de la famille*. Paris La Documentation française, Paris, 2005.

CARTER Brian , Chabard Laurence et LEVY Justin,*Guide ultime du marketing sur Facebook* (19 avril 2012)

DALSUET Anne ,*T'es sur facebook ? : Qu'est-ce que les réseaux sociaux ont changé à l'amitié ?* de (11 septembre 2013)

DES ISNARDS Alexandre et Thomas ZUBER,*Facebook m'a tuer* de (5 avril 2012)

DAVID Frédéric, FONTAINE Eloise et LARRAMENDY Diane, *Les statuts facebook que vous auriez préféré ne jamais lire : Le pire de facebook* de (27 octobre 2011)

GENEVRAY Jérôme , *Facebook : Les secrets* (22 mai 2013)

KALONJI Trésor Dieudonné,*Virus à la loupe*,Kinshasa,Phénix,2011.

KOUEVI Louis, *Les mots de notre engagement.Réponses à 100 questions brûlantes de société*, Kinshasa,Afriquespoir,2006.

MARCH Valérie, *Comment développer votre activité grâce aux médias sociaux - Facebook, Twitter, Viadeo, LinkedIn et: Facebook,...* du (5 octobre 2011)

PASTOR-SATORRAS Romualdo et VESPIGNANI Alessandro, *Internet : Structure et évolution*, Belin, Paris, 2003.

PUNGI J.Lino , *Eduquer aux médias à l'ère de l'Internet :repères théoriques et pistes d'action en RD du Congo*,Kinshasa,Coll.Médiaction,2013.

PUNGI J.Lino et MUNGILINGI Innocent,*Guide pratique du bon usage des médias et réseaux sociaux*,Kinshasa, Coll.Médiaction,2013.

SERFATY Dan, FAYON David et BALAGUE Christine, *Facebook, Twitter et les autres... du* (31 août 2012)

ZEMOUR Patrick, FERRET Bruno , HARBONN Jacques et MIGUEL ,*Le guide pratique Facebook. Un guide complet pour garder le contrôle de votre vie numérique* du (31 mai 2012)

Article de revue

MVUEZOLO MIKEMBI, « *Les enjeux d'Internet* »,*dans Revue Philosophique de Kinshasa*, Vol.13(1999),no   23-24,pp.82-89

Mémoire

YALALA NDONGALA, *Les stratégies des communications de lutte contre la cybercriminalité en République Démocratique du Congo, Département des Sciences de l'information et de la communication*, UNIKIN, Mémoire de Graduat, sous la direction du Professeur KAMATE,2010.

Webographie

http://.webrankinfo.com/dossiers/chiffres-cles-facebook

www.infobébés.com.

http:/ www.radiance.m6.net

 http://www.logprotect.net/

http//www.actioninnocence.org/france/index.asp ?navig=15

http//www.httpinternetsanscrainte.fr/article.php ?rubrique -pedo_3

http//www.surferinternet.be/homefr.php?long=fr

http//www.stop-pornographie-enfantine.ch/3/fr

http//www.cybertrip.ca/en/cybertrip

http//www.policefr.ch/topics.jsp ?name=prev-internet&index=0.22

http//www.archive.acpe-asso.org/prostitutionenfantine.html

Table des matières

www.ingramcontent.com/pod-product-compliance
Lightning Source LLC
LaVergne TN
LVHW042349060326
832902LV00006B/480